언니라고 불러도 돼요
(서울대생이 소녀들에게 보내는 힐링 메시지)

[행복한 청소년®] 시리즈 No.04

지은이 I 강하은
발행인 I 홍종남

2017년 6월 10일 1판 1쇄 발행
2018년 5월 18일 1판 2쇄 발행(총 3,500부 발행)

이 책을 만든 사람들
책임 기획 I 홍종남
북 디자인 I 김효정
교정 교열 I 주경숙
표지 삽화 I 발라
출판 마케팅 I 김경아

이 책을 함께 만든 사람들
종이 I 제이피씨 정동수 · 정충엽
제작 및 인쇄 I 다오기획 김대식 · 유재상

펴낸곳 I 행복한미래
출판등록 I 2011년 4월 5일. 제 399-2011-000013호
주소 I 경기도 남양주시 도농로 34, 부영e그린타운 301동 301호(다산동)
전화 I 02-337-8958
팩스 I 031-556-8951
홈페이지 I www.bookeditor.co.kr
도서 문의(출판사 e-mail) I ahasaram@hanmail.net
내용 문의(지은이 e-mail) I hani2829@naver.com
※ 이 책을 읽다가 궁금한 점이 있을 때는 지은이 e-mail을 이용해 주세요.

ⓒ 강하은, 2017
ISBN 979-11-86463-25-3
〈행복한미래〉 도서 번호 056

언니라고
불러도 돼요

| 강하은 지음 |

행복한미래

고민을 나눌 수 있는 언니가
필요한 친구들을 위하여

서점에 가면 훌륭한 사람들의 책이 많이 진열되어 있어요. 미국 명문대에 다니는 사람, 아이큐가 150이 넘는 사람, 모든 걸 그만두고 창업해서 엄청난 성공을 거둔 사람까지 정말 다양하죠. 잠깐 들춰보기만 해도 그 사람의 노력과 재능에 감탄이 나오는데, 이상하게도 계속 읽다 보면 점점 움츠러드는 기분이 들곤 해요. '왜 나는 이런 능력을 가지고 있지 않을까?' '내가 저 사람처럼 모든 걸 그만두고 다시 시작할 수 있을까?' 하는 생각도 들고, 이 사람들과 비교하면 내가 가진 고민들이 너무 사소한 것처럼 느껴지기도 해요. 이 책들의 저자들과 이야기를 나눈다면 공부하기 싫고, 학원 가기 싫고, 친구랑 싸운 이야기를 하는 것이 왠지 부끄러울 것 같아요.

그래서 저는 이 책을 쓰기로 결심했어요. 여러분과 같은 환경에서, 같은 감정을 느끼며, 같은 고민을 품고 자란 제가 여러분의 언니가 되어 고민을 함께 나누고 싶었어요. 언니는 평범한 대학생이에요. 제주도의 작은 도시 서귀포에서 나고 자라 줄곧 한국에서 교육을 받았고, 타고난 천재도 아니에요. 여러분과 똑같이 공부가 싫고, 친구 관계가 어렵고, 꿈을 찾느라 방황했어요. 그렇게 중고등학생 시절부터 대학에 들어와 4년이 흐른 지금까지 그 고민에 대해 내린 나름의 결론들을 여러분에게 전하고 싶었어요.

"꿈이란 무엇일까요? 학생 때는 모든 행복을 포기하고 공부만 해야 하나요? 진짜 대학생활은 무엇일까요? 나도 누군가의 멘토가 될 수 있을까요?"

이 질문들은 여러분이 지금 가지고 있는 고민일 테고, 동시에 언니가 가진 고민이기도 해요. 지금도 이 질문들에 대해

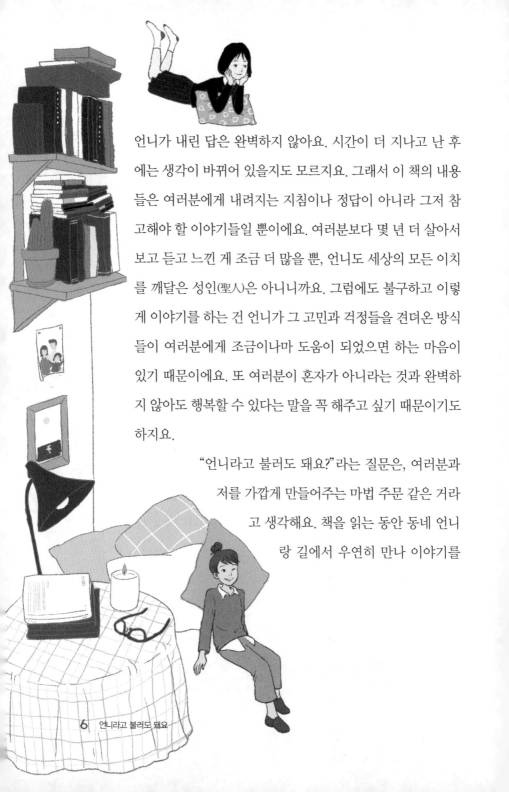

언니가 내린 답은 완벽하지 않아요. 시간이 더 지나고 난 후에는 생각이 바뀌어 있을지도 모르지요. 그래서 이 책의 내용들은 여러분에게 내려지는 지침이나 정답이 아니라 그저 참고해야 할 이야기들일 뿐이에요. 여러분보다 몇 년 더 살아서 보고 듣고 느낀 게 조금 더 많을 뿐, 언니도 세상의 모든 이치를 깨달은 성인(聖人)은 아니니까요. 그럼에도 불구하고 이렇게 이야기를 하는 건 언니가 그 고민과 걱정들을 견뎌온 방식들이 여러분에게 조금이나마 도움이 되었으면 하는 마음이 있기 때문이에요. 또 여러분이 혼자가 아니라는 것과 완벽하지 않아도 행복할 수 있다는 말을 꼭 해주고 싶기 때문이기도 하지요.

"언니라고 불러도 돼요?"라는 질문은, 여러분과 저를 가깝게 만들어주는 마법 주문 같은 거라고 생각해요. 책을 읽는 동안 동네 언니랑 길에서 우연히 만나 이야기를 나누는 듯한 기분이 들었으면 좋겠어요. 책을 펴는 순간부터 마지막 장을 덮는 순간까지 여러분이 차 한 잔을 앞에 두고 언니와 대화하는 거예요. 그러는 동안 꿈과 공부에 관한 무거운 이야기를 하며 눈물도 훔치고, 연애랑 친구 얘기를 하며 웃기도 하는 거지요. 그러다가 언니도 여러분도 모르는 게 있으면 다른 언니들에게 전화해서 함께 들어보기도 하구요.

　고민도 많고 걱정도 많은 여러분이 이 책을 읽으며 조금이나마 '힐링'할 수 있었으면 좋겠어요. 책을 읽다가 언니에게 더 물어보고 싶고, 여러분의 이야기도 더 들려주고 싶은 마음이 생긴다면 언니를 불러주세요. 언제든지.

강하은

hani2829@naver.com

차례

언니라고 불러도 돼요

: 1부 :

내 인생의 목표,
'꿈'

01

꿈은 간절히 원해서 이루고 싶은 일이어야 해

언니는 교사가 되는 게 꿈이에요. 그래서 멘토링할 때면 "언니는 언제부터 교사가 되고 싶으셨어요?"라는 질문을 많이 받아요. 저는 그럴 때마다 항상 대답하기가 망설여졌어요. 중학생 때부터라고 해야 하나, 고등학생 때부터라고 해야 하나, 하고 말이죠. 사실 제가 교사가 되고 싶다고 처음 생각한 건 중학교 1학년 때였어요. 중학교 3년 내내 제 학생기록부의 희망진로에는 '교사'라고 적혀 있으니 기록으로 따지자면 이때부터 교사를 꿈꿔왔다고 할 수 있겠지요. 하지만 언니는 중학생 때까진 꿈이 없었다고 생각해요. 그 이유는 뭘까요?

중학생 때까지는 교사가 되고 싶다는 생각에 확신이 없었기 때문이에요. 3년 내내 교사 두 글자를 써서 내긴 했지만, 누군가 제 희망진로란을 보고 "하은아, 너는 왜 교사가 되고 싶어?"라고 물어봤다면 아마 대답하지 못하고 우물쭈물했을 거예요. 교사는 어떤 직업인지, 왜 교사가 되고 싶은지에 대해 고민해보지 않았기에 그저 막연한 꿈일 뿐이었거든요. 언니는 대학에 오기 전까지는 제주도에서 쭉 자랐고, 그러다 보니 주변에서 접할 수 있는 직업이 그리 많지 않았어요. 그런데 주변에서 자꾸 꿈이 뭐냐고 물어보니 뭐라도 정해야만 할 것 같은 압박을 받았던 거지요. 그래서 잠시 고민해보다가 주변에서 쉽게 볼 수 있고 사회적으로도 좋은 직업이라고 여겨지는 교사를 제 희망진로로 정해 놓았던 거예요.

누군가는 그것도 꿈이라고 말하겠지만 저는 그렇게 생각하지 않아요. 꿈이라면 마음속 무언가를 꿈틀거리게 하는 것이어야 한다고 생각하니까요. 진짜 꿈이라면 그 꿈을 이루고 싶은 이유를 물었을 때 신이 나서 대답할 수 있어야 한다고 생각해요. 중학생 때의 저는 그렇지 않았어요. 선생님이 된 나를 상상해도 가슴이 두근거리지 않았어요. 당시 저에게 '교사'라는 두 글자는 누군가 커서 무엇이 되고 싶냐고 물어보았을 때 민망하지 않기 위해 마련해 놓은 대답이었을 뿐 제 마음을 두근거리게 할 수는 없었던 거지요.

그런데 고등학교에 들어가면서 교사라는 단어가 가지는 가치는 완전히 달라졌어

요. 미래에 교사가 된 저를 생각하면 가슴이 뛰기 시작했고, '가르치는 일이 재미있다'고 느끼기 시작했거든요. 고등학교 1학년 2학기 시험기간에 몇몇 친구들이 저에게 국사를 물어봤어요. 한 명씩 다 설명해주기가 힘이 들어서, 점심시간에 그 친구들을 모아 놓고 칠판에 글도 쓰고 그림까지 그려가며 가르쳐주기 시작했지요. 제가 열심히 설명하자 다른 친구들도 저를 쳐다보기 시작했고, 결국 제 주변에 정말 많은 친구들이 모여서 설명을 듣게 되었어요. 친구들이 이해가 잘되고 재미있다며 제 '특강'을 시험 전까지 매일 듣고 싶다고 했어요. 내가 정리하고 요약한 걸 알려주는 게 싫을 수도 있고, 20분 동안 매일 떠들어야 하니 귀찮을 법도 한데, 싫기는커녕 오히려 설레더라구요. 제가 설명해줬을 때 이제야 이해가 된다며 즐거워하는 친구들을 보는 게 너무 행복했거든요. 그때 처음 느꼈던 것 같아요. '가르치는 게 참 즐거운 일이구나.' 하고 말이에요.

그때 이후로 저는 진정으로 교사를 꿈꾸게 되었어요. 내가 알고 있는 것을 알기 쉽고 재미있게 풀어서 설명해주는 일이 너무 재미있었고, 누군가의 지적인 성장에 도움이 될 수 있다는 일이 매력적이라고 느껴졌어요. 친구들을 위한 특강을 준비하는 일은 즐거웠고, 점심시간이 되면 수업할 생각에 가슴이 두근두근하기도 했어요.

사실 꿈이라는 말 자체가 참 모호해요. 정말 많은 것이 꿈이 될 수 있지요. "교사가 되는 게 내 꿈이야."라고 말하기도 하지만, 누군가는 "나는 대학생 때 세계여행을 하는 게 꿈이야."라고 하고, 또 누군가는 "프랑스 파리에 사는 게 내 꿈이야."라고도 하지요. 뒤의 두 문장이 전혀 어색하지 않게 들리는 것은 우리가 세계여행이나 파리에서의 낭만도 꿈의 범주에 포함시키기 때문이겠지요.

세 문장은 분명 '꿈'이라는 같은 단어를 썼는데, 각 문장의 분위기는 사뭇 다르지 않나요? 첫 문장은 왠지 담담하게 읽히는 반면, 뒤의 두 문장은 설렘이 잔뜩 담겨 있는 것 같아요. 누군가 저렇게 말하는 장면을 머릿속으로 그려봐요. 두 손을 가슴 위에 곱게 모으고 두 눈을 반짝일 것만 같지 않나요? 그 말을 듣는 우리에게도 물결이 번지듯 파동이 전해질 거예요. "와, 그거 정말 멋진 일이다." 하고 말이에요. '왜?'라는 질문은 사실 필요하지 않아요. 그 친구의 눈에서 느껴지거든요. 그 일을 정말 좋아하고 상상만으로도 설레고 있다는 게.

반면 "교사가 되는 게 꿈이에요."라고 말하는 장면을 상상해보면, 두 손을 무릎 위에 모으고 선생님 앞에 앉아 있는 친구의 모습이 떠올라요. 두 눈을 반짝이기보다는 어딘지 자신 없어 보여요. 흔들리는 눈동자 위로 이런 글자들이 보이는 것 같아요. '왜냐고 물어보면 어쩌지? 내가 할 수 있을까?'

그래서 저는 변호사, 교사, 의사와 같은 직업명이 '꿈'이라는 말에 포함되어도 정말 괜찮은 것인가 하는 고민까지 해봤어요. 꿈이라고 여겨지는 것들 중에 직업만 너무 동떨어져 있다는 생각이 들거든요. 말하는 사람의 표정이나 행동, 그리고 꿈으로 정한 이유 같은 것들이 나머지와 너무 달라요. 그래서 '꿈'이라는 말이 보통 희망진로 및 직업으로 번역되곤 하는 게 맘에 들지 않았어요. 희망진로를 제외하고도 우리는 수많은 꿈을 가질 수 있는데, '너는 꿈이 뭐야?'라는 질문에 그럴싸한 직업명을 말하지 않으면 사람들이 이상하게 생각하지요. 희망 직업이 아닌 꿈들에 대한 미안함이랄까요. 그런 게 저를 고민하게 만들었던 것 같아요.

꽤나 긴 고민 끝에 희망진로는 꿈일 수도 꿈이 아닐 수도 있다는 결론을 내렸어요. 저는 꿈을 이렇게 정의하고 싶어요. '정말 간절히 원하여 이루고 싶은 일' 정말 간절히 원해서 꿈을 이룬 장면을 상상하기만 해도 가슴이 두근거리고, 그 꿈을 이루기 위해 지금 당장 뭐라도 하고 싶은 그런 마음이 일렁이게 되는 일이요. 그래서 희망진로는 꿈일 수도 있어요. 그 일을 하고 있는 스스로의 모습을 상상하는 것만으로도 가슴이 두근거린다면, 그건 의심할 여지없이 꿈이라고 할 수 있어요. 하지만 희망진로는 결코 꿈이라고 말할 수 없을지도 몰라요. 그 일을 하는 나 자신을 떠올려본 적이 없다면, 애써 떠올려봐도 안 어울리는 옷을 입은 것처럼 어색하게만 느껴진다면, 가슴이 일렁이지 않는다면, 그건 꿈이라고 할 수 없겠죠?

이제 여러분에게 묻고 싶어요.

"여러분의 꿈은, 정말 '꿈'인가요? 아니면 그럴듯해 보이기 위한 '희망진로'일 뿐인가요?"

언니, 꿈은 어떻게 찾아요?

앞의 이야기를 듣고는 "언니, 누가 몰라서 그래요?"라고 마음속으로 되묻는 친구들, 있죠? 맞아요. 여러분 중 누군가는 이미 확고한 꿈을 갖게 된 저보다도 더 꿈에 대해 진지하게 생각하고 있을지도 몰라요. 또 원하는 꿈이 무엇인지를 알기 위해 저보다 훨씬 많이 노력해왔을지도 모르지요. 학교의 다양한 행사들은 물론이고, 외부 활동이나 강연에 꾸준히 참석하며 꿈을 찾기 위해 노력하는 친구들이 참 많아요. 언니 말처럼 꿈은 정말 중요하고, 가슴이 뛰는 무언가여야만 하니까요. 그 두근거림을 찾아 이런 저런 활동을 부지런히 하는 거지요.

그러니까 학교에서 배우고, 책에서 보고, 강연을 듣다 보니 꿈이 중요하다는 건 알겠다 이거예요. 근데 문제는 어떻게 그 꿈을 찾느냐는 거죠. 꿈이 생각만 해도 가슴이 두근거리는 것이어야 한다는 건 아는데, 이것저것 해봐도 '아, 이거야!' 하고 와 닿지 않는 거예요. 직업 박람회니 페스티벌이니 하는 것들을 부지런히 돌아다녀도 내 미래로 삼을 만한 무언가를 발견하지 못하는 것, 그 어떤 것도 내 마음에 불을 붙이지 못하는 것. 그게 여러분이 가진 가장 큰 답답함이라고 생각해요.

자서전을 들여다보면 사람들이 일생을 바칠 꿈을 갖게 되는 순간이 나오지요. 세계 최고의 피겨스케이팅 선수 김연아는 그녀의 자서전 《7분 드라마》에서 스케이터를 꿈꾸게 된 순간을 소개해요. 초등학교 1학년 때 아이스쇼 〈알라딘〉을 보다가 화려한 의상과 동작에 마음을 빼앗겼고, 그때부터 스케이터를 꿈으로 삼았다고 해요. 비폭력 불복종 운동으로 우리에게도 잘 알려진 마하트마 간디도 처음부터 열성적인 인권운동가는 아니었어요. 런던에서 엘리트 교육을 받던 평범한 변호사였던 그는 어느 날 기차에서 부당한 차별을 받아요. 피부색이 검은 사람들은 기차 1등석에 탈 수 없다며 그를 내쫓았지요. 그날을 계기로 그는 인도인들을 위한 인권운동가가 되기로 결심했고, 평범한 변호사 중 한 명이 아니라 수십 년이 지난 지금까지도 존경받는 인권운동가가 되었어요.

이런 걸 보면 꿈이라는 건 '기적 같은' 순간을 통해 찾아오는 것 같아요. 우리는 수많은 유명인들이 인터뷰나 자서전에서 그 기적 같은 순간을 이야기하는 걸 보면서 은근히 스스로를 위로하죠. 나에겐 아직 '기적 같은' 순간이 찾아오지 않았을 뿐이라고. 그래서 일생을 바치고 싶은 꿈을 아직 마음에 품지 못했다고 말이죠. 그냥 지금처럼 흘러가는 대로 지내다 보면 언젠가 나에게도 벼락처럼 '파바박' 하며 꿈이 찾아올 거라고 믿고 있을 거예요. 이런 막연한 믿음을 가지고 그 '꿈의 벼락'을 맞을 확률을 조금이나마 높이기 위해 다양한 활동에 참여하는 거구요.

그런데 여러분, 꿈의 벼락은 이미 수백 번 여러분 주위에서 번쩍였을지도 몰라요. 운이 나빠서 여러분을 피해간 게 아니에요. 벼락은 아무 곳에나 자신을 내던지지 않아요. 고무처럼 튕겨내는 것이 아니라 쇠처럼 벼락을 온몸으로 받아들여 한껏 뜨거워질 수 있는 것을 찾아가요. 그러니 고무의 몸으로 이곳저곳 돌아다녀봤자 꿈의 벼락은 여러분을 피해갈 거예요. 기적이 일어나 여러분에게 찾아갔다 하더라도 흡수되지 못하고 튕겨나갈 거예요. 결국 중요한 건 벼락을 온몸으로 맞을 수 있는 쇠 같은 존재가 되는 거예요. 그게 우선이에요.

꿈을 찾기 위한 3단계에 들어가기 전에 무엇보다 중요한 0단계가 있어요. 말하자면 쇠 같은 존재가 되기 위한 단계인데, 핵심을 한 마디로 정리하면 '자신감', 풀어쓰자면 '나 스스로를 믿는 마음'이에요. 말랑말랑한 고무가 아닌 단단한 쇠가 되기 위해서는 스스로를 굳게 믿는 마음이 필요해요. 이게 없이는 1단계, 2단계, 3단계 모두 무용지물이 될 확률이 높아요.

'나는 못 할 거야. 에이, 내가 무슨.'이라는 생각은 나를 말랑말랑한 고무로 만들어버려요. 운 좋게 눈앞에서 번쩍이는 벼락을 만나도 저런 말들을 스스로에게 되뇌며 무시해버리는 거죠. 반면 '나는 할 수 있어! 노력하면 충분히 가능해!' 같은 말들은 나를 단단한 쇠로 만들어 비껴가려던 벼락까지 흡수할 수 있는 힘을 갖게 되는 거예요. 자신감은 그만큼 중요해요. 나는 할 수 있다는 생각, 내가 그 꿈을 이루기 위한 충분한 자질을 갖추고 있다는 믿음. 이것보다 중요한 건 없다고 힘주어 이야기하고 싶어요.

"자, 지금 이 순간부터 자신감을 가지는 겁니다. 하나, 둘, 셋, 자신감 시작!"이라고 말하고 싶지만 그럴 수 없어요. 자신감은 마음먹는다고 '뿅' 하고 생기는 게 아니니까요. 언니가 솔직히 말해줄게요. 자신감은 꽤 오랜 시간 동안 꾸준히 노력해야 굳어져요. 게다가 한번 만들었다고 평생 가는 것도 아니에요. 어느 순간 자신감이 무너져버릴 것 같은 순간이 오지요. 그럴 때마다 단련, 단련, 또 다시 단련. 그렇게 만들어가는 것이 자신감이에요.

막무가내로 세뇌시키기

문자 그대로 막무가내로 나 자신을 세뇌시키는 겁니다. 근거는 필요하지 않아요. 그냥 거울 속 나를 보면서, 창밖을 보며 멍 때리면서, 침대에 누워 잠이 들락말락하는 그 순간에 '음, 나는 꽤나 괜찮은 사람이군. 나는 저력이 있는 인간이군.' 하고 생각하는 거예요. '왜?'라는 물음이 떠오르겠지만 굳이 대답하지 말아요. 언니가 대신 대답해 주자면 사람이니까 그래요. 사람이라면 누구나 엄청난 잠재력을 지녔고, 그 잠재력에 불을 붙일 무언가를 찾는 순간 발현되는 거니까요. 그러니까 묻지도 따지지도 말고 막무가내로 스스로를 세뇌시켜요.

"나는 멋진 사람이다. 나는 무엇이든 할 수 있다!"

작은 성취를 누적하자

스스로에 대한 믿음은 그럴싸한 근거 없이도 쌓을 수 있지만, 근거는 그 믿음을 견고하게 다져주는 역할을 해요. 그 근거로 가장 좋은 것은 '성취 경험'이에요. 내가 원하는 무언가를 이루어냈다는 경험은 '나는 할 수 있다'고 생각하도록 만들지요. 이때 성취는 '전교 1 등'이나 '금상 수상'처럼 대단하고 거창한 게 아니어도 괜찮아요. 내 자신감의 근거로 삼을 성취를 최대한으로 늘리려면 그리 어렵지 않은 목표들부터 시작하는 게 좋아요. 예를 들면 '공부할 때 3시간 동안 핸드폰 보지 않기'나 '일주일 동안 6시에 일어나기'같이 조금만 의지가 있어도 할 수 있는 목표들을 세우는 거예요. 사실 예로 든 두 목표도 쉽지는 않지요. 하지만 너무 쉬우면 '성취'했다는 느낌을 받기 힘들어요. 그러니 아주 쉽지는 않지만 의지를 가지고 하려 들면 해낼 수 있는 일들로 목표를 세워야 동기 부여도 되고 성취감도 느낄 수 있어요.

　여러분 장작이 타오르는 모습을 본 적이 있나요? 불을 크게 피우려면 작은 땔감들이 정말 중요해요. 큰 땔감들에 계속해서 불을 붙여줄 불씨가 필요하기 때문인데, 작은 땔감들이 없으면 큰 땔감은 몸집만 클 뿐 계속해서 불을 유지할 수 없거든요. 작은 나뭇가지가 사이사이에 들어가 자신의 몸을 불살라 큰 나무에 불을 붙여주어야 하는 거예요. 큰 나무들 사이사이의 빈 공간에 작은 나뭇가지들을 집어넣어야만 불이 크게 오랫동안 타오를 수 있지요.

　우리 맘속에는 그 크기는 다르지만 자신감의 불이 타오르고 있고, 성취하는 경험은 땔감과 같아요. 큰 성취 경험도 중요하지만 그것만으로는 오랫동안 타오르기 힘들지요. 작은 성취들이 그 사이사이에 들어가야만 오래 탈 수 있는 거예요. 자신감의 불이 꺼지지 않도록 자잘한 성취 경험을 통해 불씨를 공급해주어야 해요. 이렇게 단련하다 보면 여러분은 점점 단단한 쇠가 되어 벼락을 끌어당기는 존재가 될 거예요.

03

[꿈 찾기 1단계] 나 바로 알기

자, '나는 할 수 있다'는 자신감을 장착했다면 본격적으로 꿈을 찾기 위한 여행을 시작해야지요. 꿈 찾기의 1단계는 '나 바로 알기'예요. 지금 몇 가지 질문을 해볼게요. 이 3가지 질문 중 하나라도 자신 있게 대답했다면 아주 훌륭한 거예요.

"가장 좋아하는 건 뭐예요?"
"가장 중요하다고 생각하는 가치는 무엇인가요?"
"남들과 구분되는 나만의 특징은 뭘까요?"

우린 너무 바쁘죠. 알람 소리에 눈을 떠 부리나케 씻고 학교에 가요. 학교가 끝나면 숨 돌릴 틈도 없이 학원으로 향해요. 집에 오면 숙제를 하다 쓰러지듯 잠이 들죠. 학교가 없는 주말은 왜 더 바쁜 건지 늦잠 한 번 자지 못하는 친구도 많을 거예요. 그렇게 시간을 보내다 보면 나에 대한 고민은 사치처럼 느껴져요. 일단 눈앞에 닥친 일을 끝내야 하니까요. 멍 때리며 '나는 누구인가'에 대해 고민할 여유가 없는 거지요. 대한민국 중고등학생이 나 자신을 잘 모르는 건 어찌 보면 지극히 정상이에요.

하지만 나에 대해 잘 알지 못한다면 꿈을 찾는 일은 난이도가 열 배 정도는 상승해요. 또 어렵사리 꿈을 찾았다 하더라도 자신과 맞지 않는 꿈일 가능성이 크지요. 짧게는 몇 년, 길게는 평생을 업으로 삼을 일이기 때문에 꿈을 정하는 데 매우 신중해야 해요. 신중해야 한다는 말은 그 일이 내가 진짜로 원하는 일인지, 나의 가치관에 부합하는 일인지, 그 일을 통해 내가 행복한 삶을 살아갈 수 있을지를 충분히 고민해야 한다는 의미예요. 그러니 우선 내가 어떤 사람인지를 알아야 결정할 수 있어요.

방법 1. MBTI 검사

MBTI는 사람의 성격을 16가지의 유형으로 분류해 보여주는 검사예요. 직접 기관에 가서 신청한 후 상담까지 받아보면 좋지만 그럴 여유가 되지 않는다면 인터넷을 통해서도 검사해볼 수 있어요. 이 검사는 여러분이 외향적인 성향이 강한지 내향적인 성향이 강한지, 문제를 판단할 때 분석적 판단을 하는지 상황적 판단을 하는지 등을 알려 줘요. 각 유형에 해당하는 사람들에게 어울리는 직업에 대한 정보도 제공해요. 물론 16가지의 유형 중 나와 100% 일치하는 유형은 없을 수도 있지만, 전반적인 성향에 대한 정보를 제공하기 때문에 '나 바로 알기'의 첫 단계로는 아주 적절해요. 검사 결과지를 읽으며 나와 일치한다고 생각하는 부분을 메모해두세요.

방법 2. 경험 적기

MBTI 검사 결과지에서 나와 일치한다고 생각하는 문장을 따로 메모한 후에는 그 문장들을 하나씩 읽어보며 그것을 보여주는 실제 경험을 떠올려봐요. 예를 들어 검사지에 "나를 희생해서라도 다른 사람에게 도움이 되고 싶어 한다."라는 문장이 있다면, 내가 손해보았지만 다른 사람에게는 도움이 되었던 경험을 구체적으로 적어봐요. 한 문단 정도로 구체적으로 쓸수록 좋아요. 그때 느꼈던 감정, 그 이후 친구와의 관계 등에 대해서도 적어요. 예를 들어볼게요.

"한 달 전 친구가 같이 참고서를 고르러 가달라고 했다. 해야 할 일 도 꽤 있고 서점까지 가는 게 귀찮긴 했지만 친구에게 도움이 되고 싶어서 함께 골라주러 갔다. 내가 조금 고생했지만 누군가에게 도움이 된다는 사실이 보람 있어서 행복했다. 그런데 그 친구는 내가 생각했던 것만큼 고마워하지 않아서 조금 서운했다. 하지만 며칠이 지나고 나서 친구가 내가 함께 골라줬던 문제지가 마음에 든다고 이야기했다. 마음이 뿌듯해지고 행복했다. 다음에 또 이런 상황이 생겨도 똑같이 행동할 것 같다."

여기서 내가 추구하는 가치를 몇 개 알 수 있어요. 누군가에게 도움이 되는 것을 매우 좋아하며, 사람 사이의 관계를 중요시하는 경향이 있는 거죠. 이런 사람이라면 사회복지에 관련된 직업이나 교직이 잘 맞는 직업일 수 있겠지요?

각 성격군마다 어울리는 직업군은 MBTI 검사 결과지에도 나오고, 인터넷에서 해당 유형을 검색해봐도 알 수 있어요. "넌 이 직업을 해야만 해!"라고 정확히 처방하는 것도 아니고, 한 유형에도 여러 개의 직업이 제시되어 혼란스러울 수 있지만, 아직 어떤 일을 하고 싶은지 갈피를 잡지 못한 친구들에게는 나아갈 방향을 잡아주는 역할을 할 거예요.

방법 3. '나' 탐구 표 만들기

MBTI가 나 자신에 대해 비교적 객관적으로 바라볼 수 있도록 도와주는 검사였다면, 이 방법은 완전히 주관적으로 스스로를 판단하도록 한답니다. 2열 2행의 표를 만들어봅시다. 좌우로는 각각 '내가 좋아하는 것'과 '내가 싫어하는 것'을, 상하로는 '내가 잘하는 것'과 '내가 못하는 것'을 써넣어요. 이제 표가 만들어졌지요. 각 칸은 '내가 좋아하고 잘하는 것, 내가 싫어하지만 잘하는 것, 내가 좋아하지만 못하는 것, 내가 싫어하고 못하는 것'으로 이름 붙일 수 있을 거예요.

	내가 좋아하는 것	내가 싫어하는 것
내가 잘하는 것	A	B
내가 못하는 것	C	D

보통 우리는 진로를 탐색할 때 A만을 생각해요. 내가 좋아하고 또 잘하는 것만이 진로를 설정할 때 중요한 근거가 된다고 생각하기 때문이지요. 맞는 이야기예요. 언니가 말했듯이 꿈은 상상만으로도 가슴이 두근거리는 일이니까 내가 좋아하면서도 잘하는 일이어야 꿈이 될 확률이 커지는 거라고 할 수 있겠지요. 하지만 언니는 A 말고 B, C, D도 꼭 채워보아야 한다고 말하고 싶어요. 왜냐하면 B, C, D야말로

스스로를 깊고 솔직하게 볼 수 있는 용기가 필요하기 때문이에요. 누구나 "나는 수학을 좋아하고 잘한다."라고는 자신 있게 말할 수 있지만 "나는 리더가 되는 것을 좋아하지만 잘 못한다." 혹은 "나는 창의력을 요구하는 과제를 싫어하고 또 못한다."라는 말은 굳이 하고 싶지 않을 거예요. 하지만 이런 것들도 '진짜 나'를 마주하기 위해 더없이 중요하니 한두 가지만이라도 꼭 적어보세요.

제가 제시한 이 3가지 방법은 굉장히 유용하지만, 동시에 완벽하지 않아요. 사람은 MBTI처럼 16가지 유형만으로 나눠질 수 없고, 내 모든 성격과 특징이 경험을 통해 모두 드러난 것은 아니기 때문이에요. 게다가 아직 경험해본 게 얼마 없으니 어떤 걸 좋아하고 싫어하는지, 어떤 걸 잘하고 못하는지조차 알지 못하는 경우도 많지요.

그래서 앞에서도 말했듯이 MBTI를 비롯한 각 성격 검사의 결과지를 너무 맹신하지 말고 '길잡이'나 '방향잡이' 정도로 삼는 게 좋아요. 또 나도 아직 모르는 내 모습이 드러나고, 나의 호불호나 능불능을 깨닫기 위해 많은 것을 경험해보아야 하겠지요.

그러니까 1단계는 '미래의 나'가 제목인 그림을 위해 구도를 잡고 간략한 밑그림을 그리는 정도라고 할 수 있어요. 밑그림이 어느 정도 그려졌다면, 이제 디테일을 잡아가며 명암을 그려 넣는 단계로 넘어가봅시다.

04

[꿈 찾기 2단계] 세상과 부딪히기

여러분의 꿈 그림에 명암을 넣고 구체화시키기 위해서 필요한 건 바로 '세상과 부딪히기'예요. 여기서 말하는 '부딪히기'는 단어 자체에서 느껴지는 갈등이나 시련만을 의미하는 건 아니에요. 언니가 생각하는 부딪힘은 세상과의 접촉이자 만남에 더 가까워요. 그 접촉과 만남이 딱딱한 바위에 몸을 던지는 것처럼 아플지, 푹신한 침대에 몸을 맡기는 것처럼 편안할지, 트램펄린을 밟는 것처럼 신날지는 아무도 모르지요. 또한 그것이 어떤 사람에게는 침대더라도 나에게는 바위일 수도 있어요. 결국 스스로 그 일을 경험해야만 알 수 있는 거예요. 그런 의미에서 이번 단계를 '세상과 부딪히기'라고 부르기로 했답니다.

'똥인지 된장인지 먹어보아야 아느냐'는 말이 있지요. 조상님들의 지혜가 담긴 이 격언에 저는 조심스럽게 "네, 먹어보아야 압니다."라고 대답하고 싶어요. 너무 극단적인 예시일 수도 있겠지만, 언니가 말하고 싶은 건 뭐든지 직접 경험해보지 않고서는 판단할 수 없다는 거예요. 다른 사람들이 하찮게 여기거나 싫어하는 일이라 하더라도 내가 했을 때 내게 어떤 의미가 될지는 아무도 모르는 거예요. 그 일 속에서 다른 사람들은 전혀 알지 못했던 가치를 내가 발견할 수도 있지요.

언니가 중학생이었을 때 정말 모든 친구들이 싫어하는 선생님이 있었어요. 그 선생님의 수업이 너무 지루한데다가 학생들에게 지적을 너무 많이 한다는 게 이유였지요. 한번은 그 선생님과 함께 봉사활동을 하는 프로그램이 있었는데, 재미도 없고 고생만 할 거라고 아무도 그 프로그램에 참가하고 싶어 하지 않았어요. 그런데 불행히도 모자란 인원을 채우기 위해 당시 부반장이었던 제가 동원되었던 거예요. 이제 와서 하는 말이지만 솔직히 그때 생각은 이랬어요. '아, 망했다! 똥 밟았다.'

결론부터 말하면 그 봉사활동은 8년이 지난 지금까지도 기억할 만큼 의미 있는 경험이었답니다. 장애우들과 함께 바닷가를 산책하는 활동이었는데, 그때 제가 부축했던 분은 치매에 걸린 할머니였어요. 저는 할머니를 부축하면서 걷고, 뒤따라 제 친구들과 다른 장애우들이 걸어오고 있었어요. 다들 이런 활동에 능숙하지 않아서인지 그 바닷길에는 어색한 침묵만이 감돌았어요. 그때 제가 핸드폰을 꺼내 당시 유행하던 빅뱅 노래를 틀고 장난스럽게 따라 부르기 시작했어요. 그러자 할머니도 너무 좋아하셨고, 장애우 중 한 분은 빅뱅을 엄청 좋아하셔서 함께 따라 부르기 시작했죠. 순식간에 분위기가 화기애애해졌는데, 이때 늘 잔소리만 하던 선생님이 조용히 딱 한 말씀하셨어요. "하은이는 행복을 퍼뜨리는 재주가 있구나."

그때 그 말씀이 저에게 굉장한 울림을 주었어요. 아마 그날부로 저는 행복을 전하는 삶을 살아야겠다고 속으로 다짐했던 것 같아요. 그리고 그 다짐이 다른 경험들을 거치며 다듬어지고 확장되면서 교사가 되겠다는 꿈까지 어어졌다고 생각해요. '똥'이라고 지레 짐작했던 그 경험은, 사실 지금까지도 푹 고아 우려먹는 진짜배기 '된장'이었던 거지요.

또 한번은 수업시간에 '난센스 퀴즈대회'가 열렸어요. 저는 스스로 난센스 문제에 그다지 소질이 없다고 생각했어요. 그런데 우리 팀 친구들이 제가 공부를 잘한다는 이유로 저를 대표로 내보내려 하는 거예요. 정말 하고 싶지 않았지만 어찌어찌 등을 떠밀려 나갔지요. 결과는? 아름다운 반전이 있을 거라고 예상한 사람들에겐 미안하지만 보기 좋게 꼴등. 그럼 이건 진짜 '똥' 아니냐구요? 하지만 저는 이것도 영양가 있는 '된장'이었다고 생각해요. 저에 대해서 더 넓게 이해할 수 있는 결정적인 경험이었기 때문이에요. 상식을 깨고 독특한 방식으로 사고하는 것은 나와 별로 어울리지 않는다는 사실을 깨달았거든요.

그래서 저는 '모든 경험은 영양가가 있다'고 믿어요. 해피엔딩이든 새드엔딩이든 모든 경험은 그 나름의 깨달음을 준다고 생각하기 때문이죠. 즐겁고 내가 잘할 수 있을 만한 경험만 골라서 한다면 스스로에 대한 생각을 넓히기 힘들어요. 이제까지 경험했던 '나'에 나를 가두어 놓는 일이니까요. 따라서 우리는 실패할까봐 걱정되고, 조금은 귀찮고, 해본 적 없어 두려운 일이라도 용기 있게 뛰어들 수 있어야 하는 거예요.

혹시 관심이 가는 학교 프로그램에 '귀찮다'는 이유로 참가하지 않은 적은 없나요? '해봤자 상도 못 탈 텐데, 뭐...'라며 너무 쉽게 포기해버린 적은? 편하고 좋은 일에만 나를 가두고 있지는 않나요?

실패를 두려워하지 말고 한번 부딪혀보세요. 시간과 조건이 허락하는 한 되도록 많은 경험을 해봐요. 아직 빛을 보지 못했던 여러분 안의 숨겨진 재능이 세상 밖으로 나올 기회를 주세요.

05

[꿈 찾기 3단계] 이미지 트레이닝의 마법

'R=VD'라는 말을 들어본 적 있나요? 《꿈꾸는 다락방》의 저자 이 지성 씨가 책 세 권을 통해 소개한 이 문자는 각각 Realization, Vivid, Dream을 뜻해요. '현실=생생한 꿈'이라고 번역할 수 있고, 풀어쓰자 면 '생생히 꿈꾸면 현실이 된다'예요. 그냥 막연히 꿈꾸는 게 아니라 마치 사실인 것처럼 이미 이루어진 것처럼 생생히 꿈을 꾼다면 그게 곧 현실이 된다는 거예요.

고백하자면 저는 처음 이 말을 접했을 때 코웃음 쳤어요. 머릿속으 로 그려보는 것만으로 바라는 것이 이루어진다니 말도 안 된다고 생 각했던 거죠. 그러다 고등학교 3학년 대학 입시의 문 앞에서 간절한 마음에 지푸라기라도 잡는다는 심정으로 R=VD 공식을 시도해보았 어요. 내가 서울대에 다니는 장면을 상상했죠. 새로 사귄 동기들과 입학식에 가는 장면, 서울대학교 정문을 지나는 장면, 서울대학교 강의실에서 열심히 수업을 듣는 장면을 머릿속으로 그렸어요. 심지어는 서울대학교 홈페이지에 들락날락거리며 게시판에 올라온 공지사항을 읽어보기도 했어요. 마치 이미 꿈이 이루어진 것처럼 생생하게 하는 것이 포인트였어요. 자기 세뇌를 한 거지요.

그랬더니 정말 꿈이 이루어졌어요. 고등학교 1학년 때 내신성적이 그리 좋지 않아 완벽한 '올 1등급'을 유지하는 다른 경쟁자들만큼 좋지 않았음에도 불구하고 떡하니 서울대학교에 붙어버렸어요. 머릿속으로 끊임없이 상상하고 또 상상했던 일이 이루어졌던 거지요. 합격한 저는 대학에 들어가 만난 동기들과 입학식에 갔고, 학교 정문을 지나며 행복해하고, 강의실에서 열심히 수업을 들었어요. 서울대학교 포털사이트에 들어가 셔틀버스 운영시간을 확인했어요. '생생한 꿈'이 내 눈앞에 현실로 펼쳐진 거예요.

그때부터 저는 'R=VD'의 힘을 믿어요. 교사가 되기를 꿈꾸는 지금도 저는 머릿속으로 내가 학생들 앞에서 영어를 가르쳐주는 장면을 상상해요. 세세한 장면을 머릿속으로 그려내요. 상담실에 앉아 한 학생과 상담하는 장면, 공들여 만든 학습지를 학생들에게 나누어주는 장면을 상상하지요. 선생님이 되기 위해 임용 시험을 준비하면서도 공부한 내용들 중 교단에 섰을 때 도움이 될 만한 걸 따로 적어서 모아두고 있어요. 누군가 저를 보면 아직 시험에 통과한 것도 아니면서 김칫국 마신다고 할지도 몰라요. 하지만 저는 교실에서 그 이론에 맞게 수업하는 저 자신을 아주 생생히 그려낸답니다. 마치 이미 내가 선생님이 된 것처럼 공부하는 거지요. 그러다 보면 마음에 '선생님이 되고 싶다'라는 말 대신 '나는 선생님이 될 것이다'라는 확신이 자리를 잡아요. 당연한 일, 그렇게 되어야 마땅한 일이라고 여기게 되는 거예요.

그러면 이 'R=VD'가 무슨 우주의 기운이나 신의 도움으로 이루어지는 걸까요? 저는 그건 결코 아니라고 생각해요. 꿈을 현실로 만드는 것은 바로 '달라진 나'이니까요. 이미지 트레이닝을 하는 사람의 삶은 조금씩 달라져요. 예컨대 영어 교사가 되기로 결심한 나, 교사가 될 예정인 나는 어떤 일을 보아도 교육적인 관점으로 접근해서 보게 돼요. 가령 청년실업이 100만을 넘겼다는 기사를 읽으면, 저는 현재 우리나라의 교육이 청년 실업에 어떤 영향을 주었는지를 생각해보지요. 또 어떤 교육이 치솟는 실업률을 저지해줄 수 있을지도 고민해요. 만약 CEO를 꿈꾸는 사람이라면 이 문제를 다르게 보겠지요? 기업가로서 기업의 이윤을 배반하지 않으면서도 많은 청년들에게 일자리를 줄 수 있는 방향은 무엇인지 고민해보게 될 거예요. 또 내가 지금 CEO라면 실업률의 감소에 어떻게 기여할 수 있을지 생각해볼 수도 있어요. 이것이 제가 생각하는 R=VD의 진짜 비밀이에요. 정말 생생히 꿈꾸었을 때 우리 안에 일어나는 변화, 이것이 현실(Realization)을 만들어낸다고 생각해요.

꿈 찾기 1, 2단계를 통해 내 꿈을 정했다면 그다음은 진짜 '예비 ○

○'으로 살아가기 시작해야 돼요. '되고 싶다'를 넘어 '될 것이다'라는 확신을 갖게 된다면 내 세포 하나하나가 그 꿈을 향하게 됩니다. 몸에 아주 강력한 센서를 하나 부착하는 것과 같아요. 인터넷을 보다가도 내 꿈과 관련 정보가 있으면 '삐빅!' 하고 감지하여 눈을 번뜩이며 읽게 되고, 친구들과 이야기하다가도 해당 분야의 내용이 나오면 또 '삐빅!' 하며 적극적으로 참여하게 되죠. 그러다 보면 어느새 그 분야에 대해 꽤 많은 것을 고민해보고 알게 된 자신을 만날 수 있을 거예요. 그저 막연히 꿈꾸는 사람은 이런 센서가 그리 예민하지 않지요. 최대한 생생하게 상상하여 내 몸과 마음이 그 분야에 예민해지도록 해야 해요.

제가 가르치는 학생 중에 '항공 관제사'라는 확고한 꿈을 꾸는 친구가 있어요. 그 친구는 관제사가 된 자신의 모습을 수백 번은 상상해봤다고 해요. 관제탑에서 기장들과 신호를 주고받는 자신의 모습을 그려봤대요. 그 친구는 '하고 싶다'에서 머물지 않고 '할 것이다'라는 확신을 가지고 있어요. 그 결과 이미 어엿한 예비 관제사의 기운을 풍겨요. 인터넷 포털 사이트를 둘러보다가 '비행기'나 '항공'과 관련된 것을 보면 눈을 번뜩이며 클릭해보고, 그중 흥미로운 기사들을 모아 스크랩도 해요. 학교에서 자유 주제로 이야기할 기회가 있으면 항상 항공과 관련된 이야기를 다루지요. 이렇게 살아가다 보면 주변 사람들 모두가 그 친구의 관심사를 알게 되고, 관련된 뉴스거리가 있거나 궁금한 게 있으면 그 친구와 이야기하게 돼요. 이런 과정을 통해 어느새 그 친구는 그 분야의 준전문가가 되어 있더군요.

이런 이미지 트레이닝을 통해 '나는 ○○○이 될 것이다'라는 확신이 생기면 준비 과정도 정신적으로 그리 고되지 않아요. 언니도 임용고시를 준비하면서 마음껏 자유를 누리지 못하고, 공부를 많이 해야 하니 몸도 피곤하지만, 공부가 재미있게 느껴지기도 해요. 그 내용을 교육 현장에서 어떻게 활용할 수 있을까를 고민하기 때문이에요. 물론 치열한 경쟁에 좌절하는 순간이 올 수도 있지만 그건 제 꿈을 향한 여정의 끝이 아니라 그 과정에 있는 하나의 굴곡일 뿐일 거라 믿어요. 한 번 움푹 들어갔다 다시 돌아오는 지점인 거지요. 결국엔 여정의 끝에 선생님이 된 제가 서 있을 것만 같아요.

영화를 볼 때 주인공이 죽지 않고 살아남는다는 사실을 알고 있으면 주인공이 악당과 아무리 싸워도 그리 무섭지 않지요. 주인공이 죽을 고비에 있을 때마다 몸이 움찔거리고 눈을 가리게 되지만, 결국 그 고비를 넘겨 승리를 거두리라는 걸 알고 있으니까요. 여러분도 이렇게 결말을 딱 정해두고 가는 거예요. 내가 원하는 꿈을 이룬 나의 모습이 정해진 결말이라는 걸 알고 있으면, 그 과정에서 넘어지고 다치고 힘들어도 다시 일어나서 걸어갈 수 있는 힘이 생겨요. 나는 결국 꿈을 이루게 되어 있으니까요.

그래서 꿈을 이루기 위해서는 '뻔뻔함'이 꼭 필요해요. 이미지 트레이닝의 핵심은 '이미 된 것처럼'이에요. 1, 2단계를 거쳐 꿈을 가지게 되었다면 '나 따위가 될 수 있을까?' 하는 의심은 접어두고 뻔뻔하게 믿어버리세요. 그리고 상상하는 거예요. 그 꿈을 이룬 나의 모습을 생생히 그려보고, 전문가가 된 나의 눈으로 세상을 바라보는 거예요. 아직 그 분야의 지식과 경험이 부족하지만, 뭐 어때요? 어떤 분야의 대가도 처음엔 다 여러분과 비슷한 수준의 지식으로 뛰어들었을 거예요. 무한한 가능성을 가진 스스로를 믿고 '이미 된 것처럼' 어깨 당당히 펴고 꿈꾸세요. 나 스스로가 알고, 내 주변이 알도록 말이지요.

06

내 인생의 주인공은 나니까!

나에 대해 고민해보고, 세상에 나가 더 많이 고민해보고, 끊임없이 자신의 미래를 그리는 사람이라고 해도 모두 마음이 편한 건 아닐 거예요. 내 마음을 두근거리게 하는 꿈을 뚜렷이 가지고 있는데도 우리는 마음 편히 꿈꾸지 못하기도 해요. 이유가 뭘까요? 크게 3가지 정도로 좁혀져요. 첫째는 부모님이 반대하셔서, 둘째는 사람들의 시선 때문에, 셋째는 내가 할 수 있을까 하는 의심 때문이에요.

언니도 그랬어요. 고등학교 1학년이 되면서부터 교사라는 직업을 꿈꿨지만 끊임없이 고민을 했지요. 언니는 고등학교 2학년 때부터 실력이 급상승하며 두각을 나타냈었어요. 전교 1등을 하기 시작했고, 성적은 계속해서 올랐어요. 자연스레 학교에서 '서울대 후보'로 이름을 올리게 됐지요. 그때부터 고민이 시작됐어요. 나 스스로에 대해 생각했을 때는 교사가 좋을 것 같은데, 왠지 더 욕심이 났던 거예요. '성적이 이쯤 나오는데 교사보다 돈도 더 많이 벌고 사람들에게 더 출세했다고 여겨지는 직업을 가져볼까?' 하는 생각이 들었던 거죠. 사회적으로 더 성공했다고 여겨지는 쪽은 교사보다는 삐까번쩍한 대기업에서 이름을 날리며 고연봉을 받는 비즈니스 우먼이니까요. 왠지 멋져 '보이고' 싶었거든요.

부모님과 친척들, 그리고 선생님들도 마찬가지였어요. "서울대까지 가서 교사를 할 생각이냐?"는 말도 많이 듣고, 교사가 되고 싶다고 하면 "전교 1등이라면 더 큰 꿈을 가져야지."라고 하는 선생님도 있었어요. 이런 이야기를 자주 듣다 보니 '정말 그런가?'라는 생각이 들기 시작했고, 스스로에 대한 고민이나 확신이 충분하지 않았던 터라 저 역시 잠시 눈을 돌리게 되었죠. 그래서 제 고등학교 2학년 희망진로란에는 이렇게 적혀 있어요. '마케팅 전문가'

마케팅이 저와 아예 거리가 먼 직업이었던 것은 아니에요. 저를 표현하는 문장들 중 '사람들과의 소통을 좋아한다, 나로 인해 다른 사람을 변화시키는 일에 행복을 느낀다'는 분명 마케팅과도 어울리니까요. 그래서 '마케팅 전문가'라는 새로운 꿈을 가지게 되었고 재밌을 것 같다는 생각도 들었어요. 누가 꿈이 뭐냐고 물었을 때 마케팅 전문가라고 대답하면 왠지 자랑스럽기도 했어요. 멋지게 차려입고 많은 돈을 버는 미래의 내 모습이 그려졌던 것 같아요. 아니나 다를까 주변의 반응도 "오~, 멋진데?"로 수렴되더군요. 꿈을 잘 바꿨다고 생각했지요.

그래서 꿈 찾기 2단계 '세상과 부딪히기'를 실천하기 위해 마케팅과 관련된 책을 읽어보기 시작했어요. 사람들의 마음을 사로잡는 방법, 제품의 좋은 점을 극대화해서 보여줌으로써 회사의 매출을 증대시키는 방법 등등이 나와 있었어요. 읽으면서 '마케팅이란 이런 것이구나.'라고 느꼈지만 읽으면 읽을수록 제 안의 무언가가 식어간다는 느낌이 들었어요. 으쓱거리며 뭐든 해보고 싶었던 마음 한켠이 욱신거리며 불편해지기 시작했지요.

'도대체 왜 이러지?'라는 물음과 함께 고민이 시작되었어요. 그렇게 하고 싶었던 직업인데, 막상 그 안을 들여다봤더니 뒷걸음질 치게 되더군요. 몇 권의 책을 더 읽어보며 스스로에 대한 고민 끝에 제가 내린 결론은 '마케팅 전문가는 나와 맞지 않다'는 것이었어요.

그 이유는 제가 생각하는 저의 '창의력' 때문이었어요. 현대 사회에서 마케팅이라 함은 단순히 장점을 부각하는 정도가 아니더군요. 허를 찌르는 유머 코드, 상식을 뒤집는 접근법, 수많은 자극들 속에서 독보적인 존재감을 확보하기 위한 독특함이 마케팅의 핵심이었어요. 저는 주어진 정보를 습득하고, 그 정보를 나의 것으로 체화시켜 누군가에게 알기 쉽게 전달할 수 있는 능력을 가지고 있지만, 이미 있는 정보를 남들보다 '독특한' 방식으로 표현하는 것에 뛰어나다고 생각하지 않아요. '독특함, 획기적임, '기발함'이라는 단어는 저와 어울리지 않는 옷으로 느껴졌던 거예요.

그래서 저는 어울리지 않는 옷을 입고 나갔을 때처럼 자신감을 잃기 시작했던 거지요. 그럼에도 불구하고 저는 몇 달간 그 꿈을 포기하지 못했는데, 바뀐 제 꿈에 대한 주변 사람들의 반응이 더 좋았기 때문이죠. 남들이 보기에 멋들어진 꿈을 포기한다는 게 힘들었던 것 같아요. 그렇게 지지부진 꿈 아닌 꿈을 끌고 갔었어요.

그렇게 지내던 어느 날 책을 읽다가 한 문장을 보고 정신이 번뜩 들었어요. "네 인생은 너의 것이야. 네 인생에 아무도 책임져주지 않아."라는 구절이었어요. 나는 과연 누구의 꿈을 꾸고 있는가 하는 생각이 들었어요. 저에게 잔뜩 기대를 품으신 부모님의 꿈? 선생님들의 꿈? 우리나라 사람들의 일반적인 꿈? 수많은 물음이 오갔지만 제가 확실히 말할 수 있던 건 제가 결코 저 자신의 꿈을 꾸고 있지는 않다는 것이었어요.

돌아보니 저는 딱 한 번 사는 인생에서 남의 기대에 부응하기 위해 전전긍긍하고 있더라구요. 분명 거울을 봤을 때 나와 어울리지 않는데 주변 사람들이 예쁘다고 했다는 이유로, 비싸고 좋은 명품이라는 이유로 그 옷을 입고 돌아다닌 거지요. 과연 그 옷을 입고 있는 나는 행복한 걸까요? 사람들이 박수쳐주는 것은 잠시뿐인데, 사람들의 눈을 벗어나 혼자 거울을 바라보고 있는 나는 정말 행복한 걸까요? 내 인생은 나의 것인데 말이지요. 한 번 사는 인생, 설사 몇몇 사람들이 예쁘지 않다고 말할지언정 스스로 만족할 만한 옷을 입고 사는 게 낫지 않을까요?

그렇게 저 스스로 '어울리는 옷'이라고 생각하는 교사를 다시 꿈꾸게 되었답니다. 고등학교 3학년 희망진로란에는 다시 '교사' 두 글자가 적혀 있어요. 수시 원서를 넣을 때는 모든 대학교의 영어교육과에 지원했어요. 자기소개서를 쓰거나 면접을 준비하는 일은 물론 힘들었지만 거짓말을 하는 게 아니기 때문에 훨씬 수월했지요. 만약 제가 남의 시선을 신경 쓰며 '마케팅'에 관련된 학과에 지원했다면, 자기소개서나 면접에서 하는 말은 진심이 아닌 꾸며낸 것이었을 테고 결코 좋은 결과를 받을 수 없었을 거예요. 마음으로부터 우러나오는 말과 그저 멋지게 보이기 위해 하는 말은 질적으로 차이가 있기 때문이죠.

아직도 어떤 사람들은 저에게 '더 큰 꿈'을 꾸라고 말하기도 해요. 하지만 저는 이제 흔들리지 않아요. 그 꿈을 꾸는 저의 모습이 좋거든요. 꼭 맞는 옷을 입은 것처럼 자신감이 생기거든요. 한 번 사는 인생, 나 스스로를 만족시킬 수 있게 살아가리라 결심했어요.

친구들, 우리는 우리의 삶을 삽시다. 부모님이 싫어하실까봐 친구들이 인정해주지 않을까봐 '남 몰래' 꿈꾸거나 꿈을 포기해버리지 말아요. 남이 아닌 내 가슴을 뛰게 하고, 내 마음이 요구하는 그런 일을 마음껏 꿈꿨으면 좋겠어요.

07

꿈을 찾는 여행에는 종착지가 없다

"서울대학교에 합격만 하면 소원이 없겠다."

장난 반 진심 반, 언니가 고등학교 3학년 때 했던 말이에요. 그때 당시에는 정말 간절했어요. 고생한 학창시절을 서울대학교 합격으로 보상받고 싶었던 마음이었겠지요? 서울대학교에 들어간 이후에 어떻게 되든 말든 생각하거나 걱정할 겨를 없이 그저 입학하는 것이 제 꿈이었던 거예요.

하지만 저 간절한 말의 유효기간은 민망할 만큼 짧았어요. 서울대학교 합격 소식을 들은 후 한 달 정도는 더할 나위 없이 행복하기만 했지만, 입학 즈음이 되자 하고 싶은 것들이 마구마구 떠올랐어요. 서울대학교 합격만 하면 소원이 없겠다더니 더 많은 소원이 생기더라구요. 캠퍼스 커플도 해보고 싶고, 유명한 교수님 강의도 들어보고 싶고, 학교에서 만난 친구들이랑 배낭여행도 떠나고 싶구요. 방금 제가 말한 3가지를 대학에 와서 결국 모두 해봤더니 또 다른 소원이 마구마구 생겨나는 거예요. 다른 나라에 3개월 이상 살아보기, 혼자 해외여행 해보기, 내 이름으로 책 내기. 기어코 이것들까지 모두 이루어냈는데, 사람이 결코 완전한 만족은 하지 못하나봐요. 이제는 교사가 되기 위해 임용고시에 합격하기, 교사가 된 후에는 영어교육과 동기들과 수업 연구회 만들기, 방학 때는 여행 다녀오고 여행기 기록하기 같은 것들을 또 꿈꾸고 있어요. 하나를 이루면 또 다른 꿈이 생기고, 그 꿈을 이루면 또 다른 꿈이 생겨요. 꿈을 향한 여행에는 종착지가 없는 것 같아요.

사람의 욕심은 끝이 없다고 하지요. 이 말은 보통 나쁜 의미로 많이 쓰이는데, 먹어도 먹어도 또 먹고 싶어 다이어트를 포기하게 되는 식욕, 돈이 전보다 훨씬 많아졌는데도 만족하지 못하고 돈만 바라보며 살게 되는 금전욕 등을 말해요. 하지만 이 끝없는 인간의 욕심이 꼭 나쁜 것만은 아니랍니다. 건강한 욕심은 우리가 활기차게 살아가도록 하는 동력이 되기 때문이에요. 지금 저를 활기차게 살아가게 하는 건 내 글로 친구들에게 필요한 이야기를 들려주고 싶다는 욕심, 그리고 선생님이 되고자 하는 욕심이에요.

선생님이 되면 저는 또 새로운 세상에서 만난 일들 속에서 다른 꿈을 꾸게 될 거예요. 다른 나라에서 학생들을 가르쳐보고 싶을 수도 있고, 학교에서 꼭 기획해보고 싶은 프로그램도 생길 거예요. 아니면 지금의 저는 생각해본 적도 없는 완전히 새로운 일들을 꿈꾸고 있을지도 모르지요. 그때의 저는 그 꿈을 위한 '건강한 욕심'을 동력으로 또 노력하면서 살 거라고 믿어요. 실패도 좌절도 하겠지만 그럼에도 불구하고 계속 새로운 목표를 향해 나아갈 거예요.

여러분이 지금 어떤 바다에 다다르기 위해 열심히 달리고 있다고 상상해봐요. 여러분은 뜨겁고 퍽퍽한 모래사장을 가로지르며 저 멀리 펼쳐진 시원한 바다에 도착하기를 꿈꾸지요. 저 멀리 어렴풋이 보이는 바다에 내 몸을 들여놓는 것이 지금 여러분이 꿈꾸는 일이에요.

뜨거운 모래사장을 달리다 넘어지기도 하고, 유리조각을 밟아 다치기도 하고, 너무 강한 태양에 앓아눕기도 하는 갖은 고생 끝에 드디어 바다에 발을 디뎠어요. 발을 디디는 순간 너무 행복해서 온몸을 던졌어요. 얼마 동안은 이 세상 누구보다도 행복할 거예요. 그동안 잔뜩 뜨거워졌던 몸이 시원해질 테고, 바닷속 조개와 물고기들을 구경하며 경이로움을 느끼지요. 그야말로 물 만난 고기처럼 헤엄치고 또 헤엄치며 행복한 나날들을 보내겠지요. 그런데 얼마 지나면 상황이 달라져요. 몸은 너무 차갑게 식어가고, 바닷속 조개와 물고기들을 봐도 더 이상 감흥이 없어지지요. 헤엄치느라 몸은 지칠 대로 지쳐가고 있어요. 그러다 바닷속 쓰레기라도 발견하면 실망하기도 할 거예요.

이게 처음 꿈을 이루었을 때 여러분의 감정일 거예요. 여러분이 이루고자 하는 꿈은 저 멀리 반짝거리는 바다만큼 아름다운 곳처럼 보이지요. 그 꿈을 이루겠다는 일념 하나로 여러분은 힘들고 지치는 준비 과정을 꿋꿋이 이겨내요. 다치기도 하고, 넘어지기도 하고, 뒤를 돌아보며 돌아가버릴까 고민하기도 하지만 이미 꿈을 이룬 사람들을 보며 마음을 다잡곤 하지요. 그렇게 아둥바둥 도착한 꿈의 바다에서 여러분은 얼마간 행복한 시간을 보낼 거예요. 이 일을 하고 있는 게 행복하고 뭐든 새롭고 재미있겠지요. 하지만 얼마 지나지 않아 우리의 기쁨은 식어가기 시작해요. 일에 익숙해지겠지만 그러는 동안 몸은 지칠 대로 지쳐 있을 거예요. 상상하지 못했던 단점에 실망하기도 할 거예요.

바로 이때, 그다음 목적지가 있는 사람과 없는 사람의 삶은 완전히 달라지게 된답니다. 목표가 없는 사람은 어떨까요? 바다 한가운데에 둥둥 떠다니며 그냥 파도가 이끄는 대로 흘러가며 표류하는 삶을 살게 되겠지요. 파도에 몸을 싣고 이리저리 흔들리며 바다를 떠돌게 될 거예요. 그저 아직 바다에 몸을 둘 수 있다는 사실에 감사하면서요. 하지만 시간이 더 지나고 큰 폭풍우가 몰아치면 어떨까요? 오랜 시간 수영을 안 하고 둥둥 떠 있었기에 거센 물살을 이기지 못하고 완전히 가라앉을지도 몰라요.

그런데 어떤 사람은 헤엄치며 주변을 감상하다 보니 저 수평선 가까이에 섬이 보이는 거예요. "저 섬엔 어떤 아름다운 풍경이 펼쳐지고 있을까? 저 섬 앞바다에는 어떤 사람들이 있을까?" 하고 궁금해지기 시작했어요. 더 아름다운 것을 볼 수 있을지도 모른다는 욕심이 생기고, 결국 그 섬에 다다르는 것이 다음 목표가 되었어요. 그러면 이 사람은 다시 마음을 추스르고 섬을 향해 열심히 팔을 저어가며 헤엄쳐 가겠지요. 폭풍우가 와서 흔들릴 수도 있겠지만 쉽게 가라앉지 않을 거예요. 그렇게 가다 보면 처음 머물렀던 곳에서는 상상해보지도 못했던 더 아름다운 풍경이 눈앞에 펼쳐질지도 모르지요.

꿈도 마찬가지예요. 내가 원하는 직업을 가지게 된 후에 그다음 목표가 없는 사람들의 삶은 바다 위를 표류하는 사람과 같아요. 처음 직업을 얻었을 때의 기쁨은 유통기한이 짧거든요. 그 이후 내가 원하는 방향이 정해져 있지 않으면 이리저리 헤매는 신세로 전락하고 말거예요. 그러다 위기가 생기면 쉽게 포기하게 될지도 몰라요. 무기력감에 휩싸여 열정이 없는 무미건조한 삶을 살게 될지도 몰라요. 하지만 꿈의 직업에 입문한 뒤 그다음 목표를 세운 사람은 달라요. 마음속에 또 다른 열정이 여러분의 삶을 활기차게 만들어줄 거예요. 그러다 위기가 찾아와도 쉽게 포기하지 않을 거예요. 가슴을 두근거리게 하는 다음 목표를 눈앞에 두고 떠나버릴 수 없기 때문이지요. 조금만 더, 조금만 더 하다 보면 어느새 다음 목표에 다다라 다시금 행복을 만끽하게 될 거예요.

어렵사리 지금의 꿈을 정했을 여러분에게는 미안하지만 그 꿈이 여러분 인생의 종착점이라고 생각하면 안 돼요. 그 꿈을 이루는 순간 모든 게 끝났다고 생각해버리면 그 후에는 무기력하고 열정 없이 세월을 흘려보내게 될 거예요. 가령 여러분이 아나운서가 되고 싶다면, 아나운서라는 직업의 바다에 들어온 것만으로 만족하지 말고 앞으로 '어떤' 아나운서가 될 것인지를 생각하고 그곳을 향해 달려가야 해요.

기억하세요. 꿈을 향한 여행에는 종착지가 없어요.

가족,
그리고 행복

여러분에게 가족은 어떤 의미인가요?

언니는 평범하지만 행복한 가족에서 자랐어요. 어머니는 항상 제가 최고라며 지지해주셨고, 아버지는 묵묵히 저를 지켜봐주셨어요. 다섯 살 터울이 나는 언니도 동생인 저를 정말 많이 아껴준답니다. 가족의 품을 떠나 서울살이를 하는 지금 가족의 소중함이 더 절실히 느껴져요.

대학생이 되면 너무 즐거워서 가족이 그립지 않을 것 같았는데 그렇지도 않더라구요. 요즘은 '대2병'이라는 말까지 있지요. 대2병은 인간관계에 회의감을 느끼고, 진로를 정하지 못해 혼란스럽고, 이유 없는 무기력함을 느끼는 증상을 말해요. 내 편이라고 생각했던 남자친구와 헤어지고, 가까웠다고 생각한 친구들과도 멀어지고, 내가 최고인줄 알았는데 사회에 나와서 보니 나보다 대단한 사람이 너무 많은 거예요.

언니도 이런 대2병을 피해갈 수는 없었어요. 대2병에 걸린 사람들은 점점 자신감을 잃어가요. 나는 사랑받을 만한 사람인가? 나는 잘하고 있는 걸까? 내 가치를 이 세상이 알아줄까? 이런 물음을 스스로에게 끊임없이 던지게 되지요. 여기에 긍정적인 대답을 찾지 못하면 결국 우울함의 끝으로 가라앉게 돼요.

이때 가라앉지 않도록 받쳐준 것이 바로 우리 가족이었어요. 인간관계에 회의감을 느낄 때 부모님에게 받은 사랑을 떠올리며 그래도 내가 사랑받을 만한 사람이라고 생각할 수 있었어요. 나를 조건 없이 있는 그대로 사랑해주는 누군가가 있다는 사실이 저를 안심시키더라구요. 별것 아닌 일에도 칭찬해주고 기뻐해주는 가족들을 보면서 내가 잘하고 있다고 앞으로도 더 잘할 수 있다고 믿을 수 있었어요.

대학생이 되니 가족이라는 존재가 정말 소중하다는 걸 깨달았어요. 그래서 이 코너를 빌어 여러분에게 가족 이야기를 해주고 싶어요.

우리 아버지는 재미있는 '츤데레' 스타일이에요. 고등학생 때 제가 공부하고 있으면 문을 빼꼼 열고는 "아빠 피곤하게 왜 공부하니? 공부 때려 쳐!"라고 하셨어요. 하지만 말만 그렇게 할 뿐 뒤에선 정말 많이 응원해주셨는데 공부하고 있으면 과자도 사다주고 가끔은 치킨도 시켜주셨죠. 우리 자매를 키우면서 아버지는 '하고 싶은 대로 해라' 주의였어요. 생각해보면 아빠가 뭘 하지 말라고 야단쳤던 적이 없는 것 같아요.

제가 하는 행동이 마음에 안 들어도 조용히 와서 몇 마디 물어보고 가시는 게 다였어요. 당신 일에 있어서는 주관도 강하고 고집도 센데 딸들한테는 크게 뭔가를 강요하거나 비난한 적이 없는 것 같아요. 늘 한 발짝 뒤에서 지켜봐주셨어요.

아빠가 아닌, 사람 '강광식'으로 봐도 정말 대단하다는 생각이 들어요. 자영업을 하면서 일이 잘 안 풀릴 때도 있고 힘든 시기도 있었겠지만 우리에게 내색 한 번 하지 않고 묵묵히 견뎌내셨어요. 아버지는 작게 건축·기공업을 하는데, 일단 일을 맡으면 작은 것 하나도 절대 대충하지 않으세요. 덕분에 아버지에게 한 번 일을 맡긴 분들은 꼭 다시 아버지를 찾아온답니다. 같은 말이라도 유쾌하고 재미있게 전달하는 재주가 있어 주변의 분위기를 화기애애해하게 만들곤 하죠.

어머니는 저에게 한없이 다정하고 사랑이 넘치세요. 저와 언니는 이제 각각 20대 중반, 후반이 되었지만 아직도 우리를 '큰 공주, 작은 공주'라고 불러주세요. 딸들 자랑하는 걸 세상에서 가장 좋아하세요. 심지어는 처음 보는 점원 언니에게 제가 서울대에 다닌다고 자랑한 적도 있어요. 저는 그럴 때마다 엄마 주책이라고 말하지만 엄마가 소녀처럼 좋아하는 모습을 보면 저도 기분이 좋아요. 어머니는 늘 우리 딸들이 대단하고 멋지다며 자신감을 불어넣어 주셨어요. 물론 엄격할 때도 있었어요. 제가 삐뚤어지려고 할 때마다 한 번씩 크게 혼을 내기도 했어요. 눈물이 쏙 빠질 정도로 혼나긴 했지만 그 덕에 크게 엇나가지 않고 무사히 사춘기를 넘길 수 있었던 것 같아요.

　인상도 좋고 친화력도 좋아서 어느 집단에 가도 항상 환영받으세요. 같은 말도 다정하고 상냥하게 하고 자주 웃으세요. 역지사지 하는 마음을 가지라고 제 귀에 딱지가 앉을 정도로 항상 강조하셨어요. 어쩔 땐 저보다도 훨씬 소녀 같아요. 무서운 것, 징그러운 것을 세상에서 가장 싫어하고, 책이나 텔레비전을 보다가 눈물을 흘리기도 하지요. 따뜻한 마음으로 세상을 보는 분이에요.

　우리 언니는 겉으론 무뚝뚝하지만 저를 꽤나 아껴준답니다. 선물을 사주기도 하고, 입던 옷도 주고 하지요. 물론 엄청난 생색을 동반하긴 해요. 다섯 살 터울이라 싸우기도 많이 싸웠는데, 언니가 대학생이 되어 떨어져 산 후로는 사이가 급격히 가까워졌어요. 제 성격이나 생활습관 등에서 언니의 영향을 많이 받았다는 걸 인정하지 않을 수 없네요. 특히 언니의 식습관을 꼭 빼닮아서 우리 자매는 제주도에 살았지만 회나 초밥을 별로 좋아하지 않는답니다. 언니가 동방신기를 좋아할 때는 저도 따라서 좋아했어요. 또 언니가 공

부를 워낙 잘하다 보니 지기 싫어서 더 열심히 공부한 것도 있죠. 언니 말로는 자기가 없었으면 저는 서울대에 못 갔을 거래요. 막내라 그런지 덜렁대는 저와는 달리 꽤 꼼꼼한 편이에요. 둘이서 꼼으로 자매 여행을 간 적이 있는데, 언니가 철저하게 계획을 짜고 조사해 온 덕에 저는 아주 편하게 다녔지요.

지금 언니는 제주도의 한 중학교에서 3년째 가르치고 있답니다. 들어보니 학생들에게도 인기가 많고 잘 가르친다고 소문이 났더라구요. 그도 그럴 것이 언니는 어릴 때부터 타고난 수재였어요. 아이큐도 높고 영리했지요. 자기가 하겠다고 마음먹은 일은 끈기 있게 해내는 저력도 가지고 있어요.

우리 가족의 가훈은 '웃으면서 살자'입니다. 우리는 때론 유쾌함이 심각함을 뛰어넘을 수 있다고 믿어요. 힘들고 지친 마음이 들면 그것에 잠식하기보다는 웃어넘길 수 있는 여유가 필요하다고 생각해요. 저는 이 가훈을 마음에 새기며 살아갈 거예요. 웃음은 다다익선이니까요!

언니라고 불러도 돼요

: 2부 :

언니 정말 공부만 했어요?

공부가 제일 쉽다는 건 거짓말이야

"공부가 제일 쉬웠어요."

익숙한 말이죠? 교과서를 들고 방긋 웃고 있는 학생의 사진이 떠오를 거예요. 열 살 때 이미 고등학교 수학을 깨우치고, 전교 1등을 놓친 적이 없다는 '천재'들의 말을 들으면 좌절감이 들어요. 신문기사속 저 아이는 공부가 제일 재미있고 쉬웠다는데 나는 그렇지 않으니까요. 공부는 재미없을 뿐더러 정말 어렵기도 하니까요. 내가 몇 년째 끙끙대고 있는 걸 누군가 '쉽다'고 표현하면 힘 빠지는 게 당연해요.

언니는 '공부가 제일 쉬웠다'는 말과는 거리가 먼 사람이에요. 공부는 정말 어렵고 귀찮은 일이라고 생각하거든요. 대학교에 다니는 지금까지도 공부는 꾸준히 저를 괴롭혀요. 천재들처럼 한 번 읽으면 모두 기억할 수 있으면 좋겠는데, 그런 비범한 사람은 아니어서요. 시험 기간이 되면 아직도 머리를 싸매고 끙끙대며 스트레스를 받지요. 그런 저에게 누군가 공부가 제일 쉽다고 말한다면 여러분이 그렇듯 저도 발끈하고 말 거예요.

공부는 분명히 어려운 일이에요. 이건 주관적인 의견이 아니라 과학적으로 밝혀진 사실이에요. 드라마를 보거나 친구랑 놀 때는 우리에게 오는 자극들을 받아들이기만 하면 돼요. 하지만 공부할 때는 자극에 일부러 주의를 기울여 이해하고 기억하려고 애써야 해요. 그저 자극을 받아들이고 흘려보내는 것과 비교하면 당연히 뇌가 더 '힘들어하는' 활동인 거지요.

더구나 학교 시험이나 모의고사에서 좋은 성적을 내려면 단순히 지식을 이해하거나 기억하는 것에서 한 발 더 나아가야 해요. 기억한 지식을 바탕으로 분석하고, 추론하고, 문제를 해결해야 하지요. 이 모든 단계를 거쳐야만 공부를 잘한다고 인정받을 만한 점수를 받게 되는 거예요. 이 중 한 단계라도 소홀히 하면 문제가 풀리지 않기 때문이죠. 공부는 이렇게 여러 단계를 모두 거쳐야 하는데, "공부가 제일 쉬웠어요."라고 말하는 건 과장일 수밖에 없지 않겠어요? "공부'도' 쉬웠어요."라면 모를까.

하고 싶은 말은 결국 공부는 본질적으로 많은 에너지를 소모해야 하는 일이라는 거예요. 공부는 '일부러' '마음을 다잡고' '뇌를 혹사시키며' 해야 하는 일이에요. 뇌가 큰 힘을 들이지 않아도 할 수 있는 일을 제쳐두고, 정보를 이해하고 암기하고 추론하는 등 에너지 소모가 큰 일들을 해야 하는 거예요. 그러니 공부가 싫은 자신을 너무 미워하지 말아요. 그냥 원래 공부라는 일은 힘든 일이고 본능적으로 몸이 거부하고 싶어 하는 일이라고 생각해야 해요.

그렇다면 우리 뇌가 공부를 조금이라도 '덜' 거부하게 하려면 어떻게 해야 할까요?

축구 선수들이 기본 체력 단련을 위해 매일같이 운동장을 달리는 것처럼 뇌도 어려운 학습을 하기 위해서는 꾸준한 단련이 뒷받침돼야 해요. 오래 달려도 숨이 차지 않도록 하기 위해 달리고 또 달려서 몸을 힘들게 하듯이, 힘든 공부를 포기하지 않으려면 결국 뇌를 꾸준히 괴롭혀야만 해요. 처음엔 운동장 한 바퀴만 돌아도 헉헉거리던 몸이 세 바퀴, 네 바퀴도 거뜬히 뛸 수 있게 변하는 것처럼 뇌도 훈련이 필요하죠.

언니가 중학교 2학년이었을 때, 체육 수행평가로 줄넘기 이단뛰기 시험이 있었어요. 20개를 연속으로 해야만 수행평가 만점을 받을 수 있었는데, 이단뛰기가 절대 안 되는 거예요. 아직도 생생한 게 줄을 재빠르게 두 바퀴 돌려서 한 번은 넘을 수 있는데 그다음으로 연결되지 않았어요. 한 번 넘고 주저앉고, 한 번 넘고 주저앉고를 얼마나 반복했는지 계속 연습했어요. 한 번 뛰고 줄에 걸리고, 또 한 번 뛰고 줄에 맞고 하면서요. 숨이 차고 다리도 아프지만 며칠 밤을 뛰고 뛰고 또 뛰어봤어요. 그러다 보니 어느 순간 한 번이 두 번이 됐어요. 두 번 뛰는 걸 성공했을 때의 기억을 되살리며 또 연습하다 보니 그게 어느새 스무 번이 훌쩍 넘더라구요. 그렇게 무사히 수행평가를 통과했답니다.

결국 이단뛰기를 잘하려면 이단뛰기를 계속 시도하고 뛰어보는 수밖에 없는 거예요. 그래야 어쩌다 한 번 성공하고, 그러면 어떻게 성공할 수 있었는지 곱씹어보고, 그 방법으로 다시 뛰어보고 하면서 터득하니까요.

공부도 이단뛰기와 같아요. 지금 당장은 뇌가 힘들더라도 지속적으로 훈련시켜서 점점 더 오랜 시간 동안 공부할 수 있어야 해요. 그렇게 해서 늘어난 '공부 체력'과 터득한 전략을 기반으로 여러 번의 시도 끝에 성공을 경험해야 해요. 그리고 그 성공한 경험을 곱씹어보고 그걸 토대로 다른 성공을 이끌어내는 거예요. 저의 이단 줄넘기 성공 횟수가 두 번, 다섯 번, 스무 번으로 늘어난 것처럼 여러분의 공부 실력도 점점 늘어나도록 하는 거지요.

처음 줄넘기를 돌리자마자 이단뛰기에 성공하는 친구들이 있을까요? 물론 있을 수도 있지만 정말 소수에 불과해요. 공부도 똑같아요. 공부를 잘할 수 있는 재능을 태어나면서부터 가진 친구들은 많지 않아요. 지금 학교에서 공부를 잘하는 친구들은 처음부터 '공부가 제일 쉬웠던' 게 아니라 꾸준한 뇌 훈련을 통해 장시간 집중할 수 있게 되고, 그 끈기로 다양한 시도를 하면서 자신에게 맞는 학습법을 채택해 효과적으로 공부하게 된 거예요. 우리가 그 친구를 보지 않았을 때부터 쌓아온 훈련과 노력이 모여 지금의 결과를 만들어내고 있는 거지요.

그래서 공부가 제일 쉽다는 건 거짓말이에요. 공부는 어려운 일이 맞아요. 하지만 공부가 '해도 해도 어렵기만 한' 일은 아니에요. 이단 뛰기를 연습하듯이 틀리고 또 틀리면서 뇌를 훈련시킨다면 어느새 체력이 늘어 오랜 시간 동안 집중할 수 있는 자신을 발견할 수 있어요. 그렇게 쌓은 체력을 바탕으로 나에게 맞는 전략을 찾아가면 어느새 전보다 좀 더 '쉽게' 공부하는 자신을 만날 수 있을 거예요.

전교 1등보다도 중요한 건 행복 지수야

여러분, 전교 1등이 부럽죠? 좋은 대학에 갈 수 있고, 선생님들이 예뻐하고, 부모님의 자랑일 테니까요. 학교에서 1등을 하는 건 어떤 기분일까, 내신 1등급을 받는 건 어떤 기분일까 하며 누구나 한 번쯤은 부러워한 적이 있을 거예요. 어쩌면 질투가 났을 수도 있지요. 그건 공부가 '업'인 학생에게는 당연한 일이에요.

저도 그랬으니까요. '전교 1등'이라는 타이틀을 차지하고 있었는데도 불구하고, 저보다 더 내신성적이 좋은 옆 학교 친구들, 모의고사 만점을 받아 인터넷 뉴스에 나온 친구들을 보면서 부러워했어요. 학생 때는 성적이 전부고, 또 그 성적으로 결정되는 대학이 내 인생의 전부일 거라고 생각하게 되니까요. 그 친구들을 보면서 저는 이렇게 생각했던 것 같아요. '아, 쟤는 나보다 더 행복하겠지?'

중고등학생 때는 성적과 대학이 내 인생을 결정지을 거라고 생각했던 것 같아요. 성적이 잘 나오면 좋은 대학에 가고, 좋은 대학에 가면 행복한 삶을 살 거라고 말이에요. 그래서 더 잘하는 친구들을 보면 부러워하고, 얼마나 행복할까 상상했던 거지요. 아마 여러분도 언니를 보면서 그렇게 생각하고 있을지도 모르겠네요. '서울대에 다니면 얼마나 행복한 삶을 살까?'

대학에서 만난 한 친구는 고등학교 때 1등을 놓친 적이 없었대요. 밥 먹는 시간을 빼고는 항상 공부를 했고, 등하교하는 버스 안에서도 손에서 참고서를 놓지 않을 정도로 열심히 했대요. 서울대학교에도 우수한 성적으로 입학했어요. 여기까지 보면 정말 대단하다는 생각이 들고, 그 친구는 정말 행복한 사람일 것 같지요? 그런데 이 친구는 지금 자신의 중고등학생 시절을 진심으로 안타까워해요. 돌아간다면 절대 그렇게 살지 않을 거래요. 친구는 심지어 전교 1등을 못해도, 서울대에 못가도 상관없을 것 같다고 말했어요.

돌아보니 공부를 하느라 놓친 것이 너무 많았던 거지요. 대학에 와서 좋은 친구들과 우정을 쌓고, 가족들과 시간을 보내고, 좋아하는 악기를 연주하며 너무 행복했대요. 고등학생 때는 주변 친구들이 즐겁게 노는 걸 봐도 공부가 가장 중요하다는 생각에 외면했고, 가족들과 보내는 시간은 귀찮기만 했으며, 악기를 연주하는 일은 사치처럼 느껴졌다고 해요. 그래서 중고등학생 시절을 떠올리면 행복한 기억이 별로 없고, 늘 자신을 누르는 아픈 기억만 가득하대요. 미래에 더 자유로울 거라고 생각하며 노력했는데, 그 억누르는 습관이 몸에 배어 대학에 와서도 한동안은 자유롭지 못했다고 해요. 목표를 이루었는데도 여전히 자신을 옥죄고 채찍질하느라 행복하지 못했대요. 그래서 고등학생 때로 다시 돌아갈 수 있다면 쉬는 시간에는 문제지를 덮고 친구들과 운동장 산책을 다녀오고, 방학 땐 가족들과 휴식 시간을 갖고, 일주일에 한 번이라도 좋아하는 악기를 연주할 시간을 갖겠다고 했어요.

우리는 왜 공부를 할까요? 좋은 대학에 가기 위해서, 꿈을 이루기 위해서, 또는 부모님을 뿌듯하게 해드리기 위해서일 수도 있고, 아직 정확한 목표는 없지만 훗날 좋은 선택을 하기 위해서일 수도 있지요. 이 모든 이유를 포함할 수 있는 건 바로 '행복'이라는 단어예요. 좋은 대학에 가고, 꿈을 이루고, 부모님을 뿌듯하게 해드리면 더 행복한 삶을 살 수 있을 거라는 믿음에 우리는 공부를 하지요. 지겨운 이 공부를 포기해버렸을 때 얻는 일시적인 행복과 미래의 행복을 저울질했을 때, 미래의 행복이 더 중요하다고 여기기 때문에 공부하는 거예요. 더 행복한 삶을 살기 위해서요.

하지만 행복도 습관이에요. 아이러니하게도 목표를 이루기 위해 현재의 모든 행복을 희생하고 억누르는 사람들은 목표를 이루고 나서도 마음 편히 행복을 누리지 못하는 경우가 많아요. 행복을 누리는 것을 사치처럼 생각하던 그동안의 습관이 몸에 배어 자꾸만 행복해서는 안 될 이유를 찾고 행복을 외면하게 되는 거예요. 이만하면 정말 잘했다고 만족하고 스스로를 칭찬해줄 만도 한데, '그래도 아직 이게 남았잖아. 아직 행복하다고 말하기는 이르지.'라며 자신을 몰아붙이는 거지요.

반면 행복해하는 습관이 몸에 밴 사람은 행복을 온몸으로 받아들일 수 있어요. 원하던 목표를 이루면 그다음 목표를 바라보며 지금의 행복을 외면하기보다는 '여기까지 오느라 정말 수고했다. 나는 할 수 있구나.'라며 스스로를 칭찬하고 행복을 만끽하지요.

이런 사람들은 힘든 상황에서조차 행복을 찾을 확률이 높아요. 현재의 행복을 추구하고 누려왔던 사람들은 '행복한 나'가 기본값이에요. 불행한 상황에 맞닥트렸을 때 휘청거리긴 하지만 관성에 의해 기본값으로 다시 돌아가려고 해요. 불행의 한가운데 있더라도 그래도 내가 행복한 이유를 찾는 거지요. '그래도 나한텐 아직 이게 있잖아. 완전히 불행하다고 말할 수는 없지.'라고 스스로를 다독거리면서요.

그래서 언니는 친구들에게 중요한 건 전교 1등보다 행복 지수라고 말하고 싶어요. 행복은 내 안에서 나오는 거예요. 행복을 금기시하다 보면 그게 습관이 되어 목표점에 도달하고 나서도 자꾸 행복을 외면하려고 하게 돼요. 전교 1등을 위해 행복할 수 있는 힘을 잃어버려야 한다면, 전교 1등을 하는 게 무슨 소용이 있겠어요. 공부할 때는 최선을 다해 노력하되 모든 행복을 죄악시해서는 안 돼요.

마라톤을 달린다고 생각해봐요. 완주선에 다다르는 것만을 생각하며 주변 풍경을 즐기는 걸 죄악이라 여기고 달리고 또 달렸다고 생각해봐요. 풍경의 아름다움을 보면 1등을 놓칠까봐 전전긍긍하며 앞만 보고 달려 1등을 차지한 사람과, 자기 나름대로 최선을 다해 달리면서도 주변의 풍경을 마음으로 느끼며 행복하게 달려 10등을 한 사람 중에 여러분은 누가 되고 싶나요?

03

언니도 한때 좀 놀아봤어요

언니도 여러분처럼 엄마 아빠 속 썩이는 딸내미였답니다. 어릴 때부터 저는 놀러 다니는 걸 그렇게 좋아했어요. 노는 걸 싫어하는 사람이 얼마나 있겠냐만 확실히 말할 수 있는 건 여러분이 상상하는 것처럼 공부만 하고 책만 읽는 모범생과는 완전히 달랐다는 거예요. 공부 안 하고 친구들이랑 하루 종일 놀러 다니고 싶었고, 노래방에서 노래를 부르는 게 너무 재미있었고, 거실의 유리창을 거울삼아 아이돌 춤을 따라 췄지요. 2007년, 그러니까 제가 중학교 1학년일 때는 가수 '빅뱅'에 완전히 푹 빠졌어요. 매일 집에 가면 컴퓨터부터 켜고 빅뱅 팬 사이트를 단 하나의 글도 빠짐없이 다 읽었어요. CD를 사고 DVD를 사고 직접 영상을 캡처하고 보정해서 글을 올렸죠. 제주도에 살았으니 그 정도였지 서울에 살았으면 매일 빅뱅 오빠들을 쫓아다녔을 거예요.

흔히 '사춘기' 혹은 '중2병'이라고 불리는 이 시기를 저는 이렇게 정의해요. '하라는 일은 하기 싫고, 하지 말라는 일만 하고 싶은 시기.' 공부는 너무 하기 싫고 왜 해야 하는 건지도 모르겠는데 친구들과 함께하는 일탈은 너무 재밌었지요. 엄마가 공부하라고 하면 공부를 하려다가도 책을 덮어버리고, 들키면 혼날 걸 알면서도 야자시간에 몰래 나가 떡볶이를 먹었어요. 독서실 간다고 거짓말치고 가는 노래방은 또 얼마나 재미있구요.

누구나 이런 시기가 찾아오는 것 같아요. 보통 '중2병'이라고 하지만 그 시기가 꼭 중학교 2학년인 건 아니에요. 더 일찍 찾아와 비교적 평화롭게 중고등학생 시절을 보낼 수도 있고, 하필 고등학교 3학년 때 찾아올 수도 있고, 착하고 온순하게만 지내다 대학생이 돼서 봇물처럼 터져 나올 수도 있어요. 아직 언니가 겪어보지 못한 나이라 말해도 될지 모르겠지만, 우리 어머니 아버지 나이가 돼서 뒤늦게 이런 반항의 시기가 찾아올 수도 있는 거겠지요. 거창하게 말하자면 '삶에 대한 회의', 소박하게 말하자면 '그냥 다 짜증남'의 시기는 우리가 숙명처럼 거쳐 가야만 하는 감정인 것 같아요.

이 책을 읽는 친구들 중 지금 그 시기의 한가운데에 있는 사람도 있을 거예요. 엄마가 하는 말은 괜히 다 짜증나고, 공부는 손에 안 잡히고, 자꾸 다른 쪽으로 눈이 돌아갈 거예요. 그러면서도 스스로 왜 이러는지 죄책감도 들고 스트레스를 받겠죠. 그래서 그런 자신을 거세게 나무라는 친구들도 많을 거예요. 하지만 언니는 이렇게 말해주고 싶어요.

"동생님들, 건강하게 잘 자라고 있군요!"

여러분이 처음 느끼는 그 감정은 '삶에 대한 회의감'이에요. 내가 원하는 게 있고 원하지 않는 게 있는데 마음대로 할 수 없는 현실에 대한 반항심이지요. 그런데 거꾸로 생각해보면 이 회의감은 삶에 대한 열정으로부터 나와요. 한 번 사는 삶이니 내 마음이 가는 대로 살고 싶다는 그 건강한 열정이 '내가 지금 잘 살고 있는가? 내가 왜 이걸 해야 하는가?' 하는 물음에 이르게 하는 거지요. 그렇게 스스로와 주변에게 치열하게 질문을 던지는 시기가 곧 사춘기인 거예요.

초등학생 때까지 혹은 그 전까지는 내 안의 '나'가 그리 강하지 않아요. 엄마가 사주는 옷을 입고, 아빠가 권하는 직업을 꿈으로 삼고, 선생님의 말씀을 고분고분 잘 듣지요. 그런데 점점 경험을 쌓고 성장을 하면서 내 안의 '나'가 만들어지기 시작해요. 이 '나'가 자라고 또 자라서 '싫지만 해야 하는 일'과 싸워서 이길 수 있을 만큼 커지면 사춘기가 오는 거예요.

꽤 멋지지 않나요? 내 안에 '나'가 쑥쑥 성장하고 있다는 사실이요. 남들의 말에 의해 움직이기보다는 자기 자신의 목소리를 내려는 모습이요. 더 이상 남들이 시키는 대로만 행동하지 않겠다고, 내가 원하는 삶을 살겠다고 아우성치는 여러분의 '자아'가요. 여러분이 이런 과정을 겪고 있다면 분명 건강하게 잘 자라고 있는 거니까 너무 자책하지 말아요. 안심해도 괜찮아요.

스스로를 너무 가혹하게 채찍질해선 안 되겠지만 그러면서도 우리가 절대 잊지 말아야 할 2가지가 있어요.

첫째는 여러분이 지금 마주한 자아는 부풀려지고 과장된 자아라는 거예요. 저명한 심리학자 피아제에 의하면, 청소년기가 되면 이상주의적으로 사고하도록 되어 있다고 해요. 잔뜩 부풀려진 자아가 내가 상상하는 세계 속에 빠져버려 현실을 외면하게 하는 거지요. 예를 들어 내 자아는 지금 당장 학교를 그만둬도 멋지게 살 수 있을 거라고 상상하지만 현실적으로는 가능성이 매우 희박한 일이지요. 그 어려운 현실을 알더라도 사춘기 때의 자아는 밑도 끝도 없이 '난 다르지 않을까? 난 0.001%인 것 같아.'라며 외면해버려요. 그렇게 학교를 덜컥 그만두고 나면 상상과는 다른 현실을 맞닥트리며 엄청난 혼란을 겪게 되겠지요. 그래서 여러분 안의 목소리를 들을 때는 현실을 애써 외면하고 있는 건 아닌지 한 번 더 생각해봐야 해요.

둘째는 이 자아와 협상해야 한다는 거예요. 우리는 태어난 이후 처음으로 자아와 직면했기에 대화에 많이 서툴러요. 완전히 옳지도 그르지도 않은 이 자아라는 녀석과 대화를 나누고 협상하며 앞으로의 나를 만들어 나가야 하는데, 난생 처음 만난 녀석이라 어떻게 다루어야 할지 막막한 거지요. 그래서 우리는 자아에게 나를 완전히 내줘버리기도 해요. 자유를 부르짖는 자아를 위해 공부에서 완전히 손을 놓기도 하고, 호기심 가득한 자아를 위해 술과 담배에 빠지게 되기도 하고, 순간적으로 분노한 자아를 위해 어머니께 모진 말을 내뱉어버리기도 하지요. 이렇게 다듬어지지 않은 자아에 나를 완전히 맡겨버리면 그야말로 '막무가내, 질풍노도'의 사춘기를 보내게 되는 거예요.

반대의 경우도 있어요. 어떤 친구들은 자아를 완전히 짓눌러버리기도 하지요. 내 마음이 원한다고 하는 일은 전부 다 통제하고 억제해요. 시험 기간에는 밥도 먹지 않고 공부하려고 하고, 꿈이 생기려고 하면 '난 절대 안 될거야.'라며 싹을 잘라내버리는 거예요. 이렇게 청소년기를 보내면 남들이 보기엔 사춘기도 없이 온순하게 지낸 것처럼 보일 수 있지만, 마음 안에는 잔뜩 움츠리고 상처받은 자아가 생겨요. 앞서 말했듯이 자아는 행복하게 살고자 하는 몸부림이기에 자아가 움츠리면 행복할 수 있는 능력을 점점 잃어가겠지요. 결국 우리는 자아에 내 모든 걸 내줘서도 안 되고, 무조건 외면해서도 안 되고, 적당히 타협해야 하는 거예요.

예를 들어볼게요. 고등학교 1학년 2학기 기말고사를 망쳤다고 생각해봅시다. 많은 친구들은 이럴 때 '아, 내신 포기하고 수능 공부에 올인할까?'라고 말하지요. 이때 첫째, 우리의 자아는 부풀려져 있어요. 열심히 노력했는데도 내신에서 좋은 점수를 받지 못했는데, 수능 공부를 열심히 한다고 좋은 성적을 낼 수 있을 거라고 확신할 수 있을까요? 둘째, 우리는 자아와 협상에 들어가야 해요. '내신 포기해! 포기해!'라고 외치는 자아와 냉정히 대화를 나눠보아야 해요. 지금 내신을 포기하면 수능 공부에 얼마나 더 시간을 투자할 수 있을까? 내 현재 모의고사 성적은 얼마나 되고, 발전 가능성은 얼마나 될까? 내신을 포기했을 때 따라오는 위험은 어떤 게 있을까? 그럼에도 불구하고 내신을 포기하는 게 좋을까? 이런 질문들을 던지며 자아와 협상해가는 거지요. 이런 과정을 통해 '준비 기간을 4주에서 3주로 줄이고, 수능 공부 시간을 늘린다' 같은 대안을 마련할 수 있을 거예요.

사춘기를 잘 넘겨야 하는 것은 선생님을 위해서도 부모님을 위해서도 아니에요. 다른 누구도 아닌 바로 나 자신을 위한 거예요. 미래의 내 모습은 지금의 내가 자아와 어떻게 대화하느냐에 달려 있기 때문이에요. 청소년기의 우리는 자아를 만나면 '이것이 내 진짜 모습이다!'라고 착각하기 쉽지만 사실 그건 나의 일부일 뿐이에요. 내 안에 꿈틀거리는 자아가 요구하는 것과 지금 내가 해야 하는 것 혹은 바람직하다고 생각하는 것을 조율할 줄 알아야 해요. 아직 다듬어지지 않은 거친 자아를 부드럽게 다듬고 윤이 나도록 닦아내는 일을 해야 한다는 말이에요.

친구들, 내 안의 목소리를 못 들은 체 외면하지 말고 귀를 기울이세요. 하지만 그렇다고 내 안의 목소리에 지배당해서도 안 돼요. 자아를 고민하고 대화하고 부딪히세요. 이렇게 다듬어지고 닦인 자아는 반짝반짝 빛이 날 수밖에 없고, 그것이 우리의 꿈을 찾아주는 열쇠가 되어줄 거예요.

04

언니, 학원을 그만두고 싶어요

　멘토링하다 보면 많은 친구들이 제가 학원에 다녔었냐고 물어봐요. 다들 학원 다니는 게 힘들어서 그런지 초롱초롱한 눈빛으로 다니지 않아도 잘 할 수 있다고 말하기를 기대하는 듯해 보여요. 하지만 저는 학원을 다녔었답니다. 학원도 다녔고 과외도 해봤어요. 공부에 도움이 됐냐고 묻는다면 한 치의 망설임도 없이 "네."라고 대답할 거예요.

　학원은 분명히 저에게 도움이 되었어요. 제가 가장 좋아하고 또 잘했던 영어만 해도 학원을 다니면서 '한 걸음 더' 공부할 수 있었던 게 큰 역할을 했다고 믿어요. 학교에서 배우는 것 외에도 학원에서 영어를 더 많이 접했기 때문에, 영어에 대한 자신감이나 흥미가 커질 수 있었다고 생각해요. 수학도 사교육의 덕을 보았답니다. 수학은 저에게 걸림돌 같은 존재였는데, 과외를 받으며 제 문제점이 뭔지를 더 빠르게 파악하고 문제를 개선할 수 있었어요. 학원은 아니지만 다른 과목에서도 수업시간에 놓친 게 있으면 인터넷 강의를 활용해서 보충하곤 했었지요. 따라서 제가 "여러분 사교육은 필요 없어요! 혼자서도 충분히 가능해요!"라고 말한다면 그건 거짓말이에요. 결과적으로 학원은 저에게 분명히 도움이 되었답니다.

하지만 "그럼 언니가 공부를 잘한 건 학원 덕분이군요?"라고 물어본다면 저는 당당하게 "NO!"라고 할 수 있어요. 제가 공부를 잘할 수 있었던 결정적인 이유는 학원이 아니라 '학원에 임하는 나의 자세'였다고 생각하거든요.

어떤 학원에 다니느냐가 중요하려면 일단 '내가 그 학원을 100% 활용하기 위해 노력한다'는 전제가 있어야 해요. 이 말은, 내가 학원에 최선을 다했을 때만 그 학원이 좋다 나쁘다 판단할 수 있다는 뜻이에요. 열심히 해보지도 않고서 "이 학원은 나랑 안 맞는 것 같아." 혹은 "이 학원을 다니는 건 돈 낭비야."라고 말하는 건 어불성설이에요.

언니는 학원이나 과외에 '열심히' 임하려고 노력했어요. 시키지도 않는 예습 복습을 하지는 않았지만 수업시간만큼은 누구보다도 집중해서 선생님의 설명을 필기하고, 숙제도 거의 빼먹지 않고 해갔어요. 학원이 제시하는 커리큘럼이 나와 맞는지 확인하려면 일단 그 커리큘럼에 성실히 참여해보아야 하니까요. 이렇게 했을 때 제 실력이 오른다고 생각했던 학원은 불평 없이 계속 다녔어요. 반대로 저에게 별로 도움이 되지 않는다는 판단이 서면 과감히 그만뒀어요.

그래서 학원을 그만두고 싶다는 여러분의 말에 대한 언니의 대답은 간단해요. 정말 최선을 다했는데도 도움이 되지 않는다고 생각하면 과감하게 그만두세요. 엄마가 계속 다니라고 말씀하신다면 차분하고 명료하게 설명하세요. 그 학원의 커리큘럼에 누구보다도 열심히 임했지만 내 실력이 달라지는 게 없는 것 같다고, 다른 방법을 찾는 게 좋을 것 같다고 말씀드리세요. "아, 학원 다니기 싫다고!"라고 소리 지르면 부모님은 공부하기 싫어서 하는 말이라고 생각하기 쉬워요. 왜 그만두어야 하는지 그 이유를 또박또박 차분히 설명하세요.

학원은 학교와는 달리 적지 않은 돈을 투자해야만 해요. 내가 어떤 학원을 다니기로 결심했고 비용을 지불했다면 그 학원을 100퍼센트 활용하겠다는 다짐과 실천이 필요해요. 선생님의 말씀에 집중하고, 숙제를 열심히 풀어가고, 잘 이해하지 못한 부분을 집요하게 물어보세요. 여러분이 대충대충 설렁설렁 임한다면 그 어떤 소문난 학원을 가도 달라지는 건 없을 거예요. 결국 공부를 하는 건 똑똑한 선생님이 아닌 우리 자신이니까요.

제가 오래 다녔던 학원이나 과외는 만점을 많이 배출했다고 광고하거나 대기 번호를 받아놓고 들어가야 하는 이른바 '명문 학원'은 아니었어요. 하지만 내가 100퍼센트 활용하겠다고 결심하고 실천한다면 대부분의 학원이 나에게만은 명문이 될 수 있어요. 결국 공부는 내 안에서 이루어지는 거고, 학원 수업은 공부가 늘어지거나 지체되지 않도록 부추겨주는 정도이기 때문이에요. 오래 달리기를 하는데 힘들어서 혹은 귀찮아서 발걸음이 느려질 때마다 '달려야지!' 하고 등을 밀어주는 역할을 하는 게 학원이에요. 결국 다리를 움직여 달리는 건 나라는 거지요.

많은 친구들이 성적이 오르지 않으면 학원이 별로인 것 같다며 다른 학원을 물색하지요. 냉정하게 한 마디 하자면 성적이 오르지 않은 건 학원 탓이 아니라 여러분 탓이에요. 이와는 반대로 성적이 올랐다고 지금 다니는 학원을 맹신하고 앞으로 그곳에서 시키는 것만 하겠다고 다짐하는 친구들도 많지요. 하지만 성적이 오른 것도 학원 덕분이라고 말할 수는 없어요. 학원은 여러분이 공부하는 것을 부추기고 격려하는 역할을 할 뿐, 단어를 외우고 문제를 풀고 머리를 싸매며 공부한 건 바로 여러분 자신이기 때문이에요. 여러분 스스로가 열심히 했기 때문에 성적을 올릴 수 있었던 거예요.

학원으로 가득 찬 일주일을 보내는 친구들에게

학원을 100퍼센트 활용하려야 할 수 없는 친구들도 있죠. 그건 바로 학원을 대여섯 개씩 다니며 하루 종일 이 학원 저 학원 오가느라 쉴 틈조차 없는 친구들입니다. 친구들이랑 놀 시간이 없는 건 물론이고, 학원 숙제를 할 시간도 없어서 새벽이 되어서야 잠드는 친구들도 많을 거예요. 그러다 보니 잠이 부족해 학교 일과시간의 절반은 엎드려서 보내고요. 학원으로 가득 차버린 이런 생활은 우리 주변에서 흔히 볼 수 있지요.

앞서 말했듯이 공부에서 가장 중요한 건 '나'예요. 학원은 나를 도와주는 '주변 환경'일 뿐 결국 공부 과정의 중심에 서 있는 건 나 혼자랍니다. 여러분이 진짜 배우는 시간은 학원에서 선생님 말씀을 받아쓰고 인터넷 강의에 몰입하는 순간이 아니에요. 학원이 끝나고, 인터넷 강의 종료 버튼을 누르고 책상에 홀로 앉아 책을 펴는 순간 바로 배움이 시작되는 거예요. 학원 교재를 들여다보며 선생님의 말씀을 머릿속으로 다시 떠올리는 일, 교재와 필기를 조합하여 나만의 방식으로 정리해보는 일, 정리한 내용을 차근차근 적용하여 문제를 푸는 일. 이런 일들이 '진짜' 공부고 내 실력을 키워주는 것들이에요.

학원으로 가득 찬 생활을 하는 것은 그래서 정말 위험해요. 자칫하면 학원에서 배운 모든 것들이 날아가버릴 수도 있어요. 모든 것을 '겉핥기' 식으로 어렴풋이 기억할 뿐 진짜 안다고 말할 수 있는 것은 아무것도 없을 거예요. 이보다 더 무서운 건 나 스스로 무언가를 계획하고 실천할 수 있는 힘을 잃어버릴 수도 있다는 거예요. 수년간의 학원 생활만으로 쌓은 공부실력이라면 학원을 그만두는 순간 무너질 수밖에 없어요. 고등학교 3학년까지 어찌어찌 학원으로 버텼다 해도 고등학교를 졸업하는 순간 와르르 무너질 확률이 높아요. 성인이 되어 세상에 내던져지면 하나부터 열까지 내 손으로 내 힘으로 해내야만 하니까요.

　물론 부모님들께서는 여러분이 좋은 것들을 다양하게 접해보았으면 하는 마음에 여러 학원에 보내겠지요. 실제로 여러 학원에서 배우는 것들이 훗날 여러분의 삶을 다채롭게 만들어줄 소중한 자산이 될 수도 있지요. 하지만 그 때문에 나 자신의 독립성이 위태로워지는 상황이 온다면 여러분의 삶은 색깔이 깃들 수 있는 힘을 잃어버려 무미건조해질 거예요. 내 마음이 행복해지는 학원, 그리고 냉정히 생각해 봤을 때 지금 나에게 필요한 학원을 몇 개로 추려내야 해요. 그리고 부모님과 상의해보세요. 여러 학원에 다니느라 어느 하나에도 완전히 집중할 수 없다는 사실도 말씀드리세요.

　학원이 싫은 친구들 그리고 학원을 너무 믿는 친구들 모두에게 말하고 싶어요. 여러분, 학원으로부터 '심리적 독립'을 선포하세요. 결국 공부는 내가 하는 거고, 학원은 그저 교재를 제공해주고 얼른 공부하라고 옆구리를 콕콕 찔러주는 역할을 할 뿐임을 기억하세요. '대학 학원, 진로 학원, 인생 학원' 같은 건 존재하지 않아요. 지금부터 나의 공부와 삶은 내가 주체가 될 수 있도록 합시다!

05

언니, 좋아하는 사람이 있었어요?

'연애'도 자라나는 청소년기에 빠지지 않고 등장하는 화제지요. 중고등학생 때 하는 연애는 초등학생 때 소꿉놀이하듯 남자친구를 사귀는 것과는 다른 느낌일 거예요. 시간이 지날수록 더 진지한 관계를 원하게 되지요.

언니도 고등학생 때 좋아하는 사람이 있었답니다. 부모님께서 반대할 것 같아서 지금까지도 가족들은 모르는 사실이지만 꽤나 진지하고 행복한 연애도 했었답니다. 그게 제가 처음 해본 '연애다운 연애'랄까요? 솔직히 초등학생 때의 남자친구는 조금 더 친한 친구에 가까웠지만 이때의 연애는 나름대로 정말 진지하고 소중했어요. 누군가는 "에이, 고등학생 때 한 연애가 무슨 연애야."라고 하지만 저는 그게 제 첫 연애 혹은 첫사랑이었다고 믿어요.

중고등학생 친구들에게 제가 이렇게 말하면 정말 단 한 번도 빠짐 없이 "헐, 연애도 하고 서울대도 갔어."라는 반응이 돌아와요. 마치 고등학생 때의 연애와 서울대 입학은 동시에 이루어질 수 없는 일인 듯 말이에요. 공부와 사랑, 이것은 정말 양자택일의 문제인 걸까요?

청소년기의 연애에 많은 사람들이 아직도 부정적인 시선을 보내요. 연애한다고 하면 선생님들이나 부모님께서는 '하라는 공부는 안 하고' 연애를 한다며 다짜고짜 나무라는 경우가 대부분이구요. 실제 통계수치에 따르면 부모님들의 약 70%는 학생들의 연애를 부정적으로 생각한다고 합니다. 그래서 대다수의 학생들이 부모님에게 밝히지 않고 연애를 하지요. 저도 부모님께 밝히기가 꺼려졌어요. 저에게 기대를 많이 하고 계시기 때문에 연애 사실을 알리면 많이 걱정할 것 같았거든요. 솔직히 이래저래 구속받는 일도 늘어날 것 같기도 했구요.

부모님과 선생님, 심지어 우리 자신까지도 학창시절의 연애를 부정적으로 보는 건 연애가 공부를 방해한다고 생각하기 때문이에요. 연애를 하면 자꾸 보고 싶고, 도서관에서 만나도 자꾸 나가서 놀고 싶고, 공부하면서도 카톡을 하고 싶을 테니까요. 저도 그랬어요.

결론부터 말하자면 연애는 공부에 방해가 될 수밖에 없어요. 우리의 뇌에는 '작업 기억'이라는 곳이 있어요. 이 작업 기억은 우리가 주의를 기울이는 감정이나 감각들이 처리되고 잠시 동안 저장되는 공간이에요. 영어 단어를 외울 때 우리의 눈은 단어의 스펠링과 뜻을 보는데, 그 스펠링과 뜻은 책을 덮어도 얼마 동안은 기억나요. 작업 기억이라는 공간에 아직 남아 있기 때문이지요. 공부할 때 이 공간은 굉장히 중요해요. 모의고사 영어 지문을 읽을 때 지문의 내용을 작업 기억에 잘 넣어둔 사람은 문제를 잘 풀 수 있지만, 작업 기억에 넣지 못하고 눈으로만 읽은 사람들은 문제를 풀기 위해서 한 번 더 지문을 읽어야 할 거예요.

그런데 이 작업 기억은 용량의 한계를 가지고 있어요. 일정량 이상의 정보가 들어오면 물컵이 물을 쏟아내듯이 뇌가 정보를 뱉어버린답니다. 고민이 많을 때 참고서를 읽고 또 읽어봐도 머리에 들어오지 않는 이유가 이거예요. 이 고민이 우리의 작업 기억을 떡하니 차지하고 있기 때문에, 더 이상의 정보를 받아들을 여유 공간이 없는 거지요. 문제는 이 작업 기억을 차지하는 게 고민이나 정보만이 아니라는 거예요. 연애할 때 느끼는 기쁨과 설렘, 그리고 애인과 싸우면 찾아오는 슬픔과 불안 같은 감정 또한 이곳을 차지해요. 그래서 연애 초반이나 애인과 갈등이 있을 때는 공부가 들어올 공간이 거의 없다고 봐도 무방하지요. 사실 연애하면서 싸우지 않기도 힘들지요. 그러면 공부에 집중할 수 없게 되는 날이 점점 늘어나게 되고, 결국 성적이 떨어질 수밖에 없어요.

그러니 현실적으로 말하자면 공부에 매진하고 싶다면 연애하지 않는 게 답일 거예요. 언니도 고등학생 때 연애를 하지 않았더라면 더 좋은 성적을 낼 수 있었을지도 모르지요. 실제로 연애하는 동안에는 성적이 주춤하기도 했었어요.

하지만 이 사랑이라는 감정은 우리가 일부러 끊어내려 해도 끊어 낼 수 없어요. 학자들에 의하면 청소년기에 이성에 관심이 생기고 연애를 하고 싶다는 감정을 느끼는 건 두 살이 되면 두 발로 일어나고, 세 살이 되면 말을 하는 것처럼 그 나이에 꼭 겪어야 하는 '발달 과업' 중 하나라고 해요. 말하자면 우리 인간이 청소년기가 되면 사랑의 감정을 느끼도록 설계되어 있다는 거예요. 그래서 누군가를 좋아하는 몽글몽글한 감정을 겪는 것은 친구들 나이에 너무나도 자연스러운 일인 거죠. 공부도 연애도 모두 과업이라니, 정말 잔혹할 따름이지요?

우리, 멀리 보자

그래서 관건은 학생 때의 사랑과 연애를 '어떻게' 할 것인가예요. 피할 수 없다면 최대한 현명하게 맞닥뜨려야 하니까요. 언니가 생각하기에 청소년기 연애에서 가장 중요한 건 '멀리 보기'예요. 처음 느껴보는 사랑이라는 감정은 너무 강렬하고 자극적이어서 바로바로 해소하지 않으면 고통스러워요. 그래서 사람은 연애를 하는 동안 미래보다는 현재, 이 순간에 사로잡히게 된답니다. 많은 친구들이 연애를 하면 모든 일을 제쳐두고 연애에만 몰두해요. 사랑의 감정이 시도 때도 없이 솟는데 그때마다 이 주체할 수 없는 감정을 해소하려면 바로 만나야 하고 하다못해 카톡으로라도 마음을 전해야 하거든요.

영화처럼 사랑에 푹 빠져보는 일도 멋지겠지요. 하지만 공부를 놓고 싶지 않은 친구들이라면 순간의 감정에 몰입해 있는 스스로를 다시 붙잡아야 하는데, 이럴 때 도움이 되는 방법이 상대방과 함께 '조금 더 멀리 보는 연습'을 하는 거예요.

예를 들면 남자친구와 문자나 전화를 하는 시간을 함께 정해 놓아요. 주말을 예로 들어볼게요. 각자 따로 공부하는 상황이라면 점심 먹을 때 20분, 그 후 2시간 공부하고 10분 연락하는 것으로 약속할 수 있어요. 대신 정해 놓은 10분, 20분 동안만이라도 책을 완전히 덮어버리고 온전히 애인과의 대화에만 그 시간을 써야 해요. 처음엔 핸드폰으로 자꾸 손이 가고 공부에 집중이 안 될 수도 있어요. 하지만 조금 멀리 봐야 해요. 2시간 뒤에 신나게 남자친구랑 이야기하기 위해서 지금은 공부에 몰두해야 한다고 생각하면, 어느 순간 감정이 사그라지고 다시 책에 집중하고 있는 자신을 발견할 수 있을 거예요.

연락처럼 만나는 날도 미리 정해두는 게 좋아요. 같은 학교를 다닌다면 '점심시간에 함께 운동장 산책하기, 6교시 후 쉬는 시간에 만나기' 이런 식으로 정해 놓는 거예요. 다른 학교에 다닌다면 '수요일 학교 끝나고 만나서 같이 저녁 먹기, 일요일 저녁을 함께 먹고 도서관 가기' 등으로 정할 수 있겠지요. 이렇게 하면 월요일에 남자친구가 너무 보고 싶더라도 수요일에 만날 날이 정해져 있으니 감정을 잠시 넣어두기가 훨씬 수월해져요. 언제 만날지 정해진 게 없으면 조금만 보고 싶어도 '오늘 만나자고 할까?' 하는 마음이 생기기 마련인데, 정해져 있으면 '이틀 뒤에 만나니까 참자'고 생각할 수 있지요. 이때도 마찬가지로 일단 만나면 공부에 대한 걱정은 접어두고 남자친구와 즐겁게 시간을 보내야 해요. 공부든 연애든 그 순간에는 온전히 집중하는 연습을 하는 거지요.

언니는 고등학생 시절의 연애를 결코 후회하지 않아요. 공부하느라 힘든 시기에 의지할 존재가 있다는 건 정말 감사한 일이었어요. 공부하느라 지친 마음을 달랠 수 있는 행복한 시간들이었어요. 하지만 그때 연애하느라 공부를 비롯해 내가 해야 할 일들을 모두 내팽개쳐 버렸다면, 지금쯤 두고두고 그 연애를 후회할지도 모르죠. 누군가를 사랑하고 그로부터 사랑받는 경험은 정말 소중해요. 그 경험을 원망하고 후회하는 것으로 만들지 않도록 우리 조금만 더 멀리 봅시다. 여러분의 건강한 연애를 응원할게요!

06

언니, 친구랑 싸웠어요

중학교 2학년 때였든가 같은 반 친구랑 사소한 일로 사이가 틀어졌던 적이 있어요. 친구랑 학교 끝나고 같이 학원에 걸어가기로 했는데, 제가 화장실에 다녀오는 사이에 그 친구가 잊어버리고 다른 애랑 가버린 거예요. 지금 생각해보면 정신없이 나가느라 약속을 까먹을 수도 있었던 건데, 어린 마음엔 그게 얼마나 큰 상처가 되었는지. 제가 삐져서 전화했더니 그 친구는 너무나 무심하게 "에이, 뭘 그런 걸 가지고 그래. 다음에 또 같이 가면 돼지!"라고 하는 바람에 저는 화가 나고 말았어요. 순간 내 입에서도 못된 말이 나왔고 결국 서로 기분이 상한 채 전화를 끊었어요.

처음엔 속이 시원했어요. 친구한테 쏘아붙이고 나니 화가 났던 감정이 조금 누그러지는 것도 같았어요. 죄책감도 별로 안 들었어요. 나는 착하게 친구를 기다려줬는데 걔가 먼저 가버린 거니까 그 아이 잘 못이라고 생각했죠. 제 머릿속에는 제가 피해자고 친구가 가해자였 던 거예요. 전화를 끊고 한동안은 씩씩거리면서 더 쏘아붙이지 못한 걸 후회했던 것 같아요.

그런데 한 시간쯤 지났을까요. 후회가 밀려오기 시작했어요. '내가 말이 너무 심했나?' 하고 자꾸 곱씹어보게 되더라구요. 게다가 같은 반이라 당장 내일부터 마주칠 텐데 그 친구를 어떻게 대해야 되나 걱 정도 되고, 같이 안 가면 서운할 만큼 평소에 좋아하는 친군데 이 일 로 사이가 멀어진 것 같아 속상했어요. 이런저런 생각에 밤잠을 설쳤 던 것 같아요. 다음날 눈 뜨는 그 순간에도 오늘 교실에서 그 친구를 보면 인사를 어떻게 해야 하나 걱정되고, 학교 정문으로 들어가면서 도 그 친구를 마주칠까 조마조마하고, 교실 문을 열기 전에도 괜히 긴 장되고. 게다가 친구는 사과도 하지 않았는데, 왜 자기가 잘못했으면 서 사과하지 않는지 스트레스가 이만저만이 아니었어요.

친구와 싸워본 적이 있다면 언니 이야기에 공감이 갈 거예요. 분 명 전화에 대고 화를 낼 때는 내 마음 편하자고 한 것 같은데, 그 한 번 때문에 며칠 내내 신경이 쓰이지요. 인사를 해야 하나 말아야 하 나, 쟤는 나한테 사과를 할까, 내 잘못도 아닌데 설마 내가 먼저 말을 걸어야 하나, 뭐 이런 생각들로 머리도 엄청 복잡해져요. 아무리 내가 결백하더라도 같은 공간에 마음을 불편하게 하는 사람이 있다는 건 엄청난 스트레스거든요. 이럴 때 어떻게 해야 할까요?

누가 죄인인가?

우리는 우리의 기억이 정확하다고 믿어요. 하지만 어떤 사람의 기억도 순수하게 객관적이지 않아요. 사람들은 자신에게 유리하도록 기억을 얼마간 조작하게 되어 있고, 또 어떤 일의 전부를 세세하게 기억할 수는 없기 때문에 중요한 정보들을 선택적으로 기억해요. 나머지는 나에게는 중요한 정보로 처리되지 않기 때문에 얼마 지나지 않아 까맣게 잊어버린답니다. 그래서 사람들은 갈등을 겪고 나면 대부분 '나는 피해자, 상대는 가해자'라고 생각해요. 내 기억을 아무리 헤집어 고민해봐도 내가 잘못한 건 없는 것 같기 때문이지요. 혹시 잘못을 했다고 하더라도 상대가 먼저 잘못을 했으니 정당한 일, 혹은 충분히 그럴 수 있는 일이라고 단정 지어요. 여기서 서로 오해가 만들어지는 거예요.

다시 언니 이야기로 돌아가볼게요. 누가 '죄인'인가요? 언니가 기억하는 바에 따르면 당연히 친구가 잘못인 것처럼 보이지요. 약속을 했는데도 불구하고 먼저 가버렸고 미안한 기색도 내비치지 않았으니까요. 그날 밤잠을 설쳐가며 기억을 되돌려봤지만 제 생각은 변함이 없었어요.

하지만 며칠 뒤 친구랑 이야기를 나누다가 정말 깜짝 놀랐어요. 우선 친구는 제 전화를 받자마자 미안하다고 저한테 이야기했다고 해요. 자신도 당황해서 바로 미안하다고 했다더라구요. 그 이야기를 들는데 그제서야 갑자기 전화 너머 친구의 목소리가 스쳐 지나가더라구요. "헐, 하은아 진짜 미안해. 나 깜박하고 나와버렸어." 저는 왜 사과를 들은 적이 없다고 생각했던 거였을까요? 게다가 친구가 말하길 얼마 전 제가 친구를 두고 먼저 가버린 적이 있었고, 그때는 서로 대수롭지 않게 여겼기 때문에 이번 일 역시 심각하게 받아들이지 않았다는 거예요. 그래서 다음에 또 같이 가면 되지 않느냐는 자신의 말에 제가 화를 낸 게 너무 당황스러웠다고 하더라구요. 친구 이야기를 들으니 친구의 행동에 수긍이 갔어요. 친구와 대화하지 않았더라면 절대로 기억해내지 못했을 거예요. 사람의 기억이라는 게 이렇게 불완전하답니다.

이처럼 친구들 간의 다툼에는 대개 '일방적 죄인'은 존재하지 않아요. 대부분 서로 기분이 상할 만한 지점이 존재하지요. 아무 이유도 없이 삐지거나 화내는 사람은 없으니까요. 그러니 혼자서 아무리 머리를 싸매고 고민한다고 해도 그 이유를 찾기 힘들어요. 내가 제대로 기억하지 못하는 흐릿한 부분에서 친구의 마음이 상했을 수도 있으니까요.

그래서 친구와 갈등이 있을 때는 꼭 대화를 해봐야 해요. 서로 어떤 부분에서 기분이 상했는지를 솔직하게 이야기해서, 왜곡된 서로의 기억을 조금씩 수정해야 해요. 대화를 해봐도 친구의 감정이 납득되지 않는다면 어쩔 수 없지만, 대부분의 경우 서로의 감정을 이해할 수 있게 될 거예요. 언니가 친구를 이해하게 된 것처럼요. 여기서 중요한 건 최대한 솔직하게 이야기한다는 거예요. 자신의 감정을 포장하려고 약간의 과장이나 거짓을 보태면 서로 이해할 수 없게 돼요. 내가 느꼈던 그대로를 털어놓고 친구가 제대로 이해하도록 도와주세요.

대화는 타이밍

한 가지 더 중요한 건 바로 타이밍이에요. 대화에도 유통기한이 있다고 생각해요. 사소한 이유로 벌어진 갈등일수록 더더욱 그래요. 시간이 지나고 나면 그 사소한 일에 대해 이야기를 꺼내는 것 자체가 새삼스러워지고, 그때 느꼈던 감정이 잘 기억나지도 않게 돼요. 그러면 결국 어색하고 이상한 사이로 남게 되는 거지요.

언니가 생각하는 대화의 '골든타임'은 일주일이에요. 일주일 안에 친구와 이야기하지 않으면 사이를 되돌리는 건 급격히 어려워져요. 여기서 대화는 무작정 자존심을 굽히고 사과하라는 말이 아니에요. 둘 다 완전한 피해자도 가해자도 아니니 동등한 입장에서 서로의 생각을 들어보라는 이야기예요. 이때 절대로 '어디 죄인인 네가 한번 얘기해봐!' 혹은 '내가 다 잘못했지' 같은 태도를 가져서는 안 돼요. '우리 둘 다 각자 기분이 상한 지점이 있고, 오해하고 있는 부분이 있으니 한 번 서로의 이야기를 들어보자'는 태도로 대화에 임해야 해요. 그러니 먼저 대화하자고 말하는 것에 자존심 상해하지 말아요. 대화를 하자는 말은 내가 잘못했다는 말이 아니니까요.

만약 여러분이 친구에게 대화를 청했는데 친구가 받아들이지 않는다면 이렇게 해봐요. 첫째, 친구가 대화할 마음의 준비가 아직 안 돼서 그럴 수도 있으니 "한 번 고민해보고 나랑 이야기해보고 싶으면 이번 주 토요일까지 나한테 연락해줘."라고 말해주세요. "그래? 그럼 말든가!" 하고 돌아서버리면 친구는 나중에 이야기하고 싶은 마음이 생겨도 쉽게 말하지 못할 테니까요. 둘째, 그럼에도 불구하고 친구가 연락하지 않는다면 그 관계에 미련을 두지 말아요. 대화를 하는 것은 관계를 유지하고 싶다는 최소한의 예의니까요. 여러분이 용기내서 먼저 이야기하고 기다려주기까지 했는데 대화조차 거부한다면 여러분과의 관계를 회복하고 싶지 않다는 뜻으로 받아들여도 괜찮아요. 그런 친구들과 함께하면 여러분의 마음만 갉아먹힐 뿐이니 떠나도 괜찮아요.

언니와 중학생 때 다퉜던 저 친구는 지금까지도 만나는 소중한 친구예요. 지금도 만나면 중학생 때를 추억하며 배꼽을 잡고 웃곤 해요. 그때 만약 서로 대화하지 않고 버텼다면 어색한 사이로 남아 이런 소중한 인연을 이어나가지 못했겠지요. 먼저 말 걸기가 뻘쭘하더라도 한 번만 용기를 내봐요. 그리고 친구들, 이건 비밀인데 먼저 손을 내미는 사람이 이기는 거예요.

07

공부를 잘해야만 성공할 수 있어요?

'대한민국은 학벌주의 나라'라는 말, 많이 들어봤지요? 학벌주의란 사람을 학벌에 따라 평가하고, 그것이 직업을 포함한 삶의 많은 부분에 영향을 주어 학벌이 좋은 사람은 잘살고, 학벌이 나쁜 사람은 못살게 되는 현상을 말하지요. 이 때문에 매년 입시 결과에 만족하지 못한 20만여 명의 학생들이 원하는 수준의 학벌을 쟁취하기 위해 재수를 무릅씁니다. 좋은 대학교에 가야만 성공적인 삶을 살 수 있을 거라고 생각하기 때문이에요.

내가 얻은 학벌은 성실도와 기본 능력의 증명서라고 생각해요. 내가 좋아하든 싫어하든, 내가 잘하든 못하든 상관없이 주어진 내용을 고등학교 3년이라는 긴 시간 동안 꾸준히 공부할 수 있는 성실함과 그 결과 어느 정도의 성과를 낼 수 있는 기본 능력의 정도에 따라 대학이 정해지는 경우가 많으니까요. 서울대라는 타이틀을 가지고 있는 사람은 적어도 고등학교 3년 동안은 독하게 마음먹고 공부해서 원하는 성과를 이루어낸 것이라고 판단하는 거지요. 그리고 아직까지도 우리 사회에서 학벌은 이렇게 성실도에 대한 증명서로서의 기능을 하고 있어요.

하지만 현대사회와 다가오는 미래사회는 '전문성'을 가진 사람을 원하고 있어요. 자신이 좋아하고 관심 있는 분야에 푹 빠져들어 그 분야에 전문적 지식을 갖추고 있는 사람이 자신만의 독특한 위치를 선점할 수 있게 되었어요. 주어진 일을 모두 해내는 만능맨보다는 내가 원하는 일을 제대로 하는 뚝심맨이 점점 더 각광받고 있지요. 이러한 전문성은 특정 학문일 수도 있고, 디자인일 수도 있고, 연기일 수도 있어요. 그게 뭐가 되었든 남들과 구별될 만큼 그 분야에 대해 잘 알고 있느냐, 잘 할 수 있느냐가 중요해진 거지요.

사실 학교 성적만으로 미래의 성공 여부를 평가받는 것은 굉장히 억울한 일이에요. 학교 성적, 입시 결과는 결코 여러분의 모든 것을 보여줄 수 없기 때문이에요. 하버드 대학교의 교수 하워드 가드너 (Howard Gardner)는 사람이 8가지의 구별되는 지능을 가지고 있다고 밝혔어요. 그중 언어 능력이나 논리적 사고 능력은 내신이나 수능 시험에서 국어, 영어, 수학 시험을 통해 평가될 수 있지요. 하지만 그 외의 6가지 능력, 즉 공간 능력, 신체 능력, 대인관계 능력, 음악적 능력, 자기 이해 능력, 자연탐구 능력은 학교 성적으로 쉽게 판가름할 수 없어요. 8가지 능력 중 어느 하나가 더 중요하다고 말할 수 없음에도 불구하고 학교에서는 3가지 능력만을 중점적으로 평가하고 그것이 대학을 결정하지요. '언어, 논리' 지능이 아닌 다른 지능이 훌륭하게 태어났다면 학교에서는 내가 가진 능력보다 저평가되는 거예요.

예를 들어 언어적 능력이나 수학적 능력은 조금 부족하지만 신체 운동 능력이나 음악적 능력은 뛰어나서 춤을 잘 추는 친구들이 있다고 해봐요. 그 친구들은 학교에서는 '공부 못하는 아이'로 낙인 찍혀 부모님과 선생님에게 구박을 받으며 생활할지 모르지만 사실은 그 친구만의 강점이 따로 있는 거지요. 학교에서는 그게 드러나지 못하는 것일 뿐이구요. 이 친구들은 학교에서 두각을 나타낼 수 없다는 것에 좌절하지 말고 내가 가진 소질을 잘 갈고 닦는 게 필요해요.

시험 성적은 좋지 않지만 친구들의 마음을 잘 알아주고 맞춰주는 대인관계 능력이 뛰어난 친구들도 있지요? 이런 친구들의 대인관계 지능은 학교 시험이 드러내주지 못해요. 하지만 우리 삶을 살아가는 데 혹은 '성공'하는 데 있어 이 능력은 굉장히 중요하답니다. 아무리 언어적, 논리적 사고 능력이 뛰어나도 다른 사람들의 마음을 잘 이해하거나 좋은 인간관계를 맺는 것에 서툰 사람은 성공으로 가는 길이 매우 힘들 거예요. 이런 경우 내 대인관계 능력을 최대한으로 끌어올려 상담가가 되거나 사람을 대하는 직종에서 나만의 전문성을 갖춘다면 '성공'할 수 있는 가능성은 증가하게 될 거예요.

그러니 여러분이 학교에서 좋은 성적을 내지 못한다고 해도, '명문대'에 입학할 수 없다고 해도 밑도 끝도 없이 좌절해선 안 돼요. 학교가 드러내주지 못한 나의 능력이 있다면 그 분야에 열심히 그리고 꾸준히 투자해서 나만의 전문성을 갖춰 나가면 되는 거예요.

여기서 많은 친구들이 착각하는 게 공부만 아니라면 이런 전문성을 갖추는 일은 쉽다고 여기는 거예요. 예를 들어 요리에 소질이 있는 친구라면 일주일에 한 번 요리학원에서 요리를 배우고, 주말에 집에서 한 번 복습해보는 정도로 전문성을 쌓고 있다고 생각하지요. '학교 다니는 학생인데 이 정도면 충분하지!'라고 스스로를 달래면서 말이에요. 이렇게 생각하고 있다면 여러분은 스스로를 딜레마에 빠지게 하는 거예요. 학교 다니는 학생이라는 꼬리표를 달 수 있으려면 학교 공부를 요리 만큼 혹은 그 이상으로 열심히 하고 있어야만 해요. 즉 학교에서 어느 정도 만족스러운 성과를 내고 있기 때문에 요리는 이 정도만 해야겠다고 타협했을 때만 그렇게 말할 수 있는 거지요.

전교 1등도 '공부 전문가'예요. 공부에 어느 정도 소질을 가지고 있는 사람이 엄청난 노력 끝에 공부라는 전문성을 갖추게 되는 거지요. 아무리 어느 정도 공부를 하는 사람이라도 전교 1등이 되고 서울대에 입학할 점수를 받아내려면 피나는 노력과 엄청난 시간을 쏟아야만 해요. 주말에 한 번 '취미 삼아' 공부하는 걸로는 공부 전문가가 될 수 없기 때문이죠. 매일 꾸준히 내게 주어진 시간을 최대한으로 활용해서 공부에 투자하고 연습하고 좌절하고 실패하며 서서히 공부라는 영역의 전문가가 되어 가는 거지요.

다른 분야도 마찬가지예요. 전교 1등이 피나는 노력으로 쉬는 시간마다 공부하듯이, 공부가 아닌 다른 분야의 전문가가 되기 위해서는 내 시간이 허락할 때마다 그 분야를 공부하고 연구하고 시도해야 해요. 쉬는 시간마다 요리책을 들여다보고 머릿속으로 익혀야 해요. 학교가 끝나고 집에 가면 전교 1등들이 참고서를 펴듯이 여러분은 부엌으로 가서 요리를 해봐야 해요. 전교 1등이 야간 자율학습이 끝나고 졸린 눈을 비비며 집에 와서 쓰러져 자듯이, 새로운 요리법을 시도해보고 실패하고 수정해서 다시 요리해보느라 녹초가 된 몸으로 잠들어야 해요. 그렇게 힘들게 조금씩 갖추어지는 게 전문성이고 특별함이에요.

공부를 잘해야만 성공할 수 있는 건 아니에요. 하지만 반드시 무언가를 잘해야만 성공할 수 있어요. 공부에 소질이 없다고 생각해서 아무것도 하지 않고 손을 놓고 있으면 정말 아무것도 이룰 수 없어요. 내 재능이 무엇인지를 파악하고, 그것을 살릴 수 있는 일을 탐색해봐야 해요. 여기서 재능은 누가 봐도 눈에 띌 만큼 특출할 필요는 없어요. 그런 재능은 소수의 사람들에게만 주어지기 때문에 나에게 있는지 없는지 확신할 수 없지요. 하지만 남들보다 조금 더 나은 재능은 정말 누구나 가지고 있어요. 그러니 그 재능을 찾아서 살릴 수 있는 일을 찾고, 지금 내가 그것을 위해 할 수 있는 일들을 찾아 계획하고 실천해야 해요.

하지만 직업에 따라 학생 신분으로는 할 수 없는 일이 많아요. 부모님이 지원해주지 않는다면 더더욱 그렇지요. 아침부터 오후까지 학교에 있어야 하기 때문에 시간적 여유도 많지 않아요. 이럴 때 여러분이 할 수 있는 것이 바로 공부예요. 내가 노력해도 잘하지 못하는 공부를 하느라 내 재능을 계발할 수 있는 일에 투자할 시간을 빼앗긴다면 문제가 되지만, 현재 내 재능에 투자할 수 없는 상황이라면 공부를 하는 게 여러분에게 유리해요. 혹은 아직 내 재능이 뭔지 전혀 감이 안 잡히는 친구들도 우선 공부를 해두는 게 좋겠지요. '공부를 못해도 성공할 수 있댔어!' '내 재능은 따로 있으니 공부는 안 해도 괜찮아!'라며 하루 종일 스마트폰을 뒤적거리고 게임을 하면서 시간을 보낸다면 아무 소득 없이 허송세월을 하는 거니까요. 여러분의 무궁무진한 가능성과 넘치는 에너지를 날리는 일은 없었으면 해요.

08

언니 얘기를 듣고 보니 저도 공부를 해야겠어요

여기까지 읽었다면 언니의 학창시절이 눈에 그려질 거예요. 여러분이 생각하는 서울대생의 학창시절과는 거리가 멀었을지도 모르겠네요. 아이돌 가수를 쫓아다니고, 학원을 빼먹기도 하고, 사춘기 시절도 겪고, 연애도 해보고, 친구와 티격태격하기도 했지요. 이렇게 할 거 다 하면서 어떻게 공부를 잘할 수 있었냐고 물어본다면, 저는 '그래서' 공부가 할 만했다고 답하고 싶어요.

언니한테도 공부는 어려운 일이었어요. 놀고 싶은 것도 많고, 하고 싶은 것도 많은 여러분이랑 다를 것 없는 평범한 중고생이었으니까요. 공부가 너무 하기 싫어서 야간 자율학습 시간에 몰래 빠져나오기도 했고, 시험이 코앞인데 책도 펼치기 싫은 마음에 독서실에서 엉엉 운 적도 있었어요. 풀리지 않는 수학 문제에 너무 스트레스를 받아서 문제지를 던진 적도 있어요. 그런 제가 그래도 공부를 꾸준히 할 수 있었던 건 쉬는 시간에 좋아하는 가수의 뮤직비디오를 보고, 친구들과 달콤한 빙수를 먹으며 스트레스를 해소하고, 좋아하는 친구와 서로 응원하며 더 나은 미래를 다짐하는 순간들이 있었기 때문이었다고 생각해요. 그 순간들에서 저는 삶의 에너지를 받고, 그 에너지를 공부에 투자할 수 있었어요.

제가 친구들과도 놀지도 않고, 아이돌을 좋아하는 마음도 접어두고, 좋아하는 친구를 외면하며 공부에만 완전히 올인했다면, 더 좋은 결과를 내어 더 행복한 삶을 살고 있을까요? 저는 아니라고 생각해요. 하고 싶었지만 못했던 일들에 미련이 남아 자꾸 눈길을 주었겠지요. 공부는 그 자체로 뇌에 무리를 주는 일인데, 여기에 다른 감정을 억제하는 스트레스까지 더해졌다고 생각해봐요. 생각만 해도 머리가 지끈지끈하지요. 그 상태로 오래 버틸 수 없었을 거예요. 꾸역꾸역 버텼다 해도 제 마음은 곪아 터져서 결국 병이 되어 저를 괴롭혔을 거예요. 그래서 좋은 결과를 내지 못했을 거고, 좋은 결과를 냈다고 해도 행복할 수 있는 능력을 잃어 늘 저를 몰아붙이며 살아갔을지도 몰라요.

아무것도 보지 않고 공부에 '올인(All-in)'한다는 것은 그만큼 열정적으로 임한다는 말이기도 하지만, 결국 공부에서 실패하면 남는 것이 아무것도 없다는 말이기도 해요. 하지만 공부의 결과는 언제나 성공만을 안겨주지는 않아요. 공부를 누구보다 열심히 했다고 해도 시험 당일에 몸 상태가 좋지 않으면 만족스럽지 못한 결과를 받을 수도 있어요. 시험에서 좋은 점수를 받았어도 입시에서 성공하리라는 보장도 없지요. 이런 상황에서 공부에 '올인'했던 사람들은 다시 일어날 수 없을 만큼 큰 절망에 빠지게 돼요. 좋은 성적, 명문대 합격 외에는 행복할 수 있는 방법을 마련해 놓지 않았기 때문이지요.

그렇기 때문에 공부와 성적 외에 내가 행복을 느낄 수 있는 다른 경로가 있어야만 해요. 혹여나 시험 점수가 잘 나오지 않거나 입시에 실패하더라도 이 세상을 '살 만한' 곳으로 생각하도록 해주는 것들이 존재해야 해요. 언니처럼 좋아하는 아이돌일 수도 있고, 친구일 수도 있고, 가족일 수도 있어요. 사람이 아니라 취미생활일 수도 있을 거예요. 그렇게 뇌에 숨 쉴 구멍을 주는 것이 있어야 우리 뇌도 말랑말랑해져 새로운 것을 받아들일 수 있답니다.

언니가 공부에 올인하지 말라고 했다고 오늘부터 온종일 연애만 하거나 아이돌만 들여다보려는 친구들은 없겠지요? 공부 외에 행복해할 수 있는 것도 확보하라는 말이지 결코 공부를 등한시하라는 말은 아니에요.

언니는 공부가 삶의 기본기를 다지는 과정이라고 생각해요. 공부할 때는 내가 모르는 것을 받아들이고, 치열한 고민 끝에 받아들인 내용을 이해하고, 그 이해를 토대로 나만의 것으로 만들어내게 되지요. 이는 우리가 미래에 어떤 직업을 가지게 되든 꼭 거쳐야 하는 과정이에요. 여러분이 훌륭한 배우가 되고 싶다면 연기에 대해 공부하고, 수많은 모방과 연습을 통해 소화하고, 거기에 내 느낌을 담아 나만의 것으로 만들어야겠지요. 여러분이 요리사가 되기를 꿈꾼다면 단순히 블로그 레시피를 따라 하는 정도의 시간 투자로는 꿈을 이룰 수 없을 거예요. 각 식재료와 향신료 하나하나의 특성과 쓰임을 알아야 하고, 그 지식을 토대로 여러 요리들을 연구해야 하며, 수많은 시도 끝에 여러분이 생각하는 최상의 요리를 만들어야겠지요. 결국 어떤 일을 하든 우리는 공부하고 또 공부해야 하는 거예요.

단, 공부에 파묻히지는 말라는 거지요. 내가 주도권을 잡고 공부하는 것이 아니라, 공부가 주도권을 잡고 내가 망가져가며 끌려가서는 안 돼요. 내 능력과 상황을 잘 따져보고 공부해야겠다고 스스로 결정을 내렸을 때 공부해야 해요. '남들이 하니까'는 공부에게 주도권을 빼앗긴 거예요. 아직 꿈이 정해지지 않았더라도 '아직 나는 내가 가진 재능을 잘 모르니 우선 공부를 통해 기본기를 쌓기 위해서'라고 생각했다면 내가 주도권을 쥐고 있는 거예요. '엄마가 인서울 하라고 해서'는 주도권이 나에게 없지만, '서울에서 대학을 다녀야 더 다양한 경험을 쌓을 수 있기 때문에'는 나에게 주도권이 있는 거지요. 이렇게 해야 무모하게 나를 망쳐가며 공부하는 일을 막을 수 있어요. 결국 공부도 행복을 위해 내가 선택한 일들 중 하나라는 사실을 알 때, 우리는 더 열심히 더 오래 공부할 수 있어요.

여러분은 내가 주인인 삶을 살고 있나요? 공부에 내 삶의 주도권을 빼앗기고 끌려가듯 살아가고 있지는 않나요?

서귀포여고에서의
공부법과 마음가짐 발표

언니의 모교는 서귀포여자고등학교예요. 우리나라에서 가장 아름다운 경치를 지닌 학교라고 자부할 수 있답니다. 3층 교실의 창문 너머로는 넓게 펼쳐진 바다와 범섬이 보이고, 아름답기로 유명한 올레길 7코스의 중간에 위치해 있어요.

2015년 여름, 서귀포여고에서 후배들을 대상으로 강연할 기회가 있었어요. 주제는 공부법과 마음가짐이었는데, 고등학교 시절 어떤 마음가짐으로 어떻게 공부했었는지를 자세히 알려주었어요.

공부법

영어 핵심만 말하자면 '덩어리로 받아들이기'예요. 영어의 문장은 단어와 문법이 테트리스처럼 쌓인 것이 아니라 그 하나하나의 요소들이 녹아하나의 말캉말캉한 덩어리를 만들어내는 거예요. 모의고사 지문을 '영혼 없이' 읽지 않으려면 지문을 읽을 때 글쓴이가 어떤 이야기를 하고 싶은 건지, 의도가 무엇인지 상상하며 읽어야 해요. 수학문제를 풀 듯 풀어나가려 하지 말고. 마치 국어 지문을 읽을 때처럼 핵심 내용들만 선별해가며 읽어야 해요. 이건 한 번에 되는 게 아니라 꾸준한 연습을 거쳐야만 가능하답니다.

수학 언니도 수학이 가장 힘들었어요. 천성이 덤벙대는데다가 도형 부분에 취약해서 수학이 어려웠어요. 이때 언니가 택한 전략은 '개념 탄탄'이었어요. 많은 사람들이 수학은 공식만 외워서 문제를 잘 풀어내기만 하면 된다고 생각해요. 하지만 공식을 외워서 풀 수 있는 문제는 2-3점짜리 문제일 뿐 4점짜리나 어려운 3점 문제를 풀어내기에는 한계가 있어요. 그래서 언니는 가장 기본이 되는 개념을 누군가에게 설명할 수 있을 만큼 철저히 공부했어요. 어떻게 그 공식이 나오게 되는지, 그 증명 과정이 어떻게 되는지 익히고 또 익혀 내 것으로 만들었어요.

국어 국어에서 가장 중요한 것은 글 속에서 중요한 것과 중요하지 않은 것을 구분해내는 판단력이라고 생각해요. 우리가 모의고사나 수능에서 접하는 지문들은 검증의 검증을 거치기 때문에 아주 깔끔하게 조직되어 있어요. 따라서 지문을 읽으며 그 조직 구성이 머릿속에 잡히기 시작하면 글 전체가 잘 이해돼요. 하지만 글의 구성을 생각하지 않고 그냥 글자들로 처리한다면 중요한 부분과 안 중요한 부분을 구별하지 못할 확률이 높아요. 그래서 언니는 지문을 읽을 때 항상 키워드나 소재에 네모를 치고, 각 문단의 주제문에 밑줄을 그으며 시작했어요. 그리고 그 주제문과 관련되지 않은 부분은 크게 주의를 기울이지 않고 가볍게 읽었어요. 모든 내용을 다 기억할 수는 없으니까요. 이 방법은 글을 읽는 속도 또한 매우 빠르게 해준답니다.

마음가짐

언니는 '이왕 하는 거 최대한 즐겁게 하자'고 생각했어요. 공부라는 게 재미없고 따분하다고 생각하면 한없이 따분한 일이지만, 안 풀렸던 문제가 풀리거나 실력이 느는 걸 느낄 때를 곱씹으면서 하면 재미있는 일이 될 수도 있다고 스스로를 세뇌시켰던 것 같아요.

또 '남 주는 걸 아까워하지 말자'고 다짐했어요. 친구가 모르는 걸 물어보면 시간을 빼앗긴다고 생각하지 말고 함께 공부하는 거라고 생각했지요. 실제로 친구에게 말해줬던 부분은 설명하는 과정에서 완전히 내

것이 되기 때문에 잊어버리지 않게 된답니다. 저와 1, 2등을 다퉜던 친구와 시험기간 즈음이 되면 항상 했던 게 서로 모르는 문제들을 물어보는 거였어요. 함께 고민하고 해결하면 머릿속에 확실히 담기게 된답니다. 또 다른 친구들이 물어볼 때 당연히 제가 아는 거라고 생각했던 거에서 덜컥 막히기도 하는데, 그럴 때는 저도 다시 개념을 정리해보고 잘못 알고 있던 걸 수정할 기회가 생겨요. 따라서 질문을 주고받는 건 저와 친구 모두 윈윈할 수 있는 좋은 공부랍니다.

언니라고 불러도 돼요

3부

진짜 캠퍼스 라이프,
들어볼래?

01

언니, 대학생이 되면 어때요?

"쌤, 대학생이 되면 좋아요?"

제가 새내기 때, 첫 과외 시간에 받았던 질문이에요. 그 친구는 외동딸인데다가 사촌언니도 없어서 대학생활을 가까이서 본 적이 없는 거예요. TV나 인터넷에서 그려지는 대학생활만을 접해서 진짜 대학생활이 어떨지 궁금해 하더군요. 저는 언니가 있어 중학생 때부터 대학생활에 대해서 꼬치꼬치 물어보곤 했었는데, 언니가 없는 친구들은 그런 기회가 없었겠다 싶었어요. 진짜 대학생활은 어떨까요? 드라마 같은 삶일까요?

대학생의 특권, 자유

아침 일찍부터 밤늦게까지 공부에 시달리는 여러분이 가장 갈망할 그것, 자유! 다행스럽게도 대학생은 중고등학생 때와는 비교할 수 없을 만큼의 자유를 누릴 수 있게 된답니다. 집에서 계속 사는 친구들은 조금 덜 자유로울 테고, 집을 나와 기숙사나 원룸에 살게 된다면 더 엄청난 자유를 누리겠지요. 언니는 대학에 오면서 제주도에서 통학할 수는 없으니 집을 나와 살게 되었고, 기대한 만큼의 자유를 만끽했어요. 내가 몇 시에 일어나든, 학교에 뭘 입고 가든, 몇 시에 들어오든, 공부를 하든 안 하든 아무도 뭐라고 하지 않았어요. 그래서 새내기 때는 매일같이 밤을 새워 놀기도 하고, 시험공부는 전날 벼락치기로 끝내버리곤 했어요. 한 번도 누려보지 못한 자유에 취해 자유를 만끽했답니다.

그런데 자유는 여기서 멈추지 않아요. 학교에서 짜주는 시간표 같은 것도 없어요. 내가 원하는 수업을 직접 찾아보고 선택하며 직접 내 시간표를 만들어야 하지요. 게다가 수업이 많아야 일주일에 20시간, 월화수목금으로 나누면 하루 4시간도 되지 않지요. 그러면 하루 4시간을 제외하고는 전부 자유시간인 거예요. 아침 7시 30분부터 야자가 끝나는 밤 11시까지 학교에 콕 박혀 있던 고등학생 시절에 비하면 엄청난 자유지요. 게다가 고등학교 때까지는 혹시 등교하지 않으면 담임 선생님이 계속 연락해서 결국 나오게 만드는데, 대학교 교수님들은 약 3개월 반의 학기가 끝날 때까지 제가 누군지도 모르는 경우도 있어요. 출석 체크를 하지만 누가 결석했다고 해서 전화해서 왜 안 오냐고 혼낸다거나 지각하면 벌을 준다던가 하는 것도 전혀 없지요. 심지어 시험에서 백지를 내도 따로 부르지 않아요. 조용히 F 학점을 줄 뿐이지요. 대학은 그런 곳이에요.

그런데 가끔 이 자유가 쓸쓸하게 느껴지기도 한답니다. 늦게까지 놀다가 들어와도 눈치 볼 필요 없으니 좋지만 내가 아플 때도 혼자서 추슬러야 해요. 언니가 원룸에 살 때였는데 갑자기 배가 너무 아프고 열이 났어요. 늦은 밤이라 친구도 애인도 나를 도와줄 사람이 없고 눈앞이 깜깜하고 두렵기까지 하더군요. 그때 언니는 자유롭다는 건 곧 쓸쓸한 것이기도 하다는 생각을 했어요. 지각이나 결석을 해도 아무도 잔소리하지 않는다는 것이 해방감을 줬지만, 내가 먼저 교수님을 찾아가지 않으면 나를 기억하거나 챙겨주지 않는다는 사실이 처음엔 섭섭하기도 했어요. 미우나 고우나 관심을 가져주던 중고등학교 선생님들이 그리웠어요. 혼낸다는 것, 잔소리한다는 것, 결국은 그 모든 것이 관심이고 애정이라는 사실이 그제서야 와 닿았지요. 빨리 일어나서 챙기고 학교 가라고 누가 잔소리해줬으면 좋겠고, 감기 걸린다고 멋 부리지 말고 따뜻하게 입으라고 구속해줬으면 좋겠다고 생각했어요. 둥지를 떠나 혼자 날아야 하는 새처럼 마음껏 날아다닐 수 있다는 사실에 설레면서도 여러 위험으로부터 안전한 가족과 학교라는 둥지가 그리웠어요.

　하지만 그럼에도 불구하고 자유는 대학생이 누릴 수 있는 가장 값진 것이라고 생각해요. 실패를 하든 좌절을 하든 내가 원하는 대로 삶을 채워 나갈 수 있다는 것이 정말 좋았어요. 비바람을 만나 앞으로 날아가기 힘들고 혼자 날아가야 해서 지칠 때도 있지만, 넓은 하늘을 마음 내키는 대로 날아다닐 수 있다는 사실은 그 무엇과도 바꿀 수 없는 소중한 것이라고 생각했거든요. 우선 대학생이 되면 시간이 생겨서 아르바이트를 할 수 있고, 아르바이트로 모은 돈은 내가 하고 싶던 일에 투자할 수 있지요. 언니는 고등학생 때 공부하느라 배우는 걸 포기했던 기타

도 배우고, 춤도 배우고, 오래 쉬는 날이 생기면 혼자 훌쩍 여행을 다녀오기도 했어요. 시간과 돈이 허락해준다면 뭐든 못할 게 없는 게 대학생이지요.

　언니는 2학년 2학기를 마치고 1년 동안 휴학을 했었어요. 한 학기동안 열심히 영어 공부를 하고 아르바이트하면서 돈을 모았고 그 돈으로 여름에 훌쩍 미국으로 떠났어요. 그리고 미국과 캐나다를 혼

자 여행했어요. 그러다 보스턴에서 3개월 동안 머물면서 어학원에서 친구들도 사귀었지요. 2015년은 정말 잊지 못할 한 해였어요. 그리고 오롯이 내 의지로부터 나온 일들로 채워진 그 1년은 저에게 엄청난 용기를 줬지요. 일단 부딪히면 스스로 살아갈 수 있는 자생력이 있음을 확인했기 때문이에요. 진짜 대학생다운, 어느 둥지에도 속하지 않고 혼자 날아다니던 그 한 해는 앞으로도 제가 살아감에 있어서 소중한 양분이 되리라 생각해요.

자유, 그리고 책임

하지만 이렇게 마냥 행복하고 걱정 없는 시기는 그리 오래 지속되지 않아요. 3학년 즈음이 되면 어느덧 '고학년'의 딱지를 달게 되고, 진로에 대한 본격적인 고민이 시작돼요. 이때 또 다른 경쟁이 시작되는 거지요. 취업을 결심한 친구들은 각종 자격증, 공인영어성적, 대외활동을 치열하게 시작해요. 행정고시를 준비하기로 한 친구들은 휴학을 하고 경쟁률이 엄청난 고시 공부에 뛰어들지요. 전문대학원에 가려는 친구들은 완벽한 학점을 받기 위해 고등학생 때보다 더 열심히 공부하기도 한답니다. 그 외에도 이 치열한 경쟁사회에서 살아남기 위한 각자의 몸부림이 시작되는 시기예요.

이때는 대학생에게 주어진 자유가 원망스럽기까지 해요. 고등학생 때까지는 대학이라는 목표가 주어져 있지만 대학생 때는 그 목표조차 내가 정해야 하니까요. 목표를 정해야 그것을 이루기 위해 노력하고 준비할 텐데, 목표를 정하는 일 그 자체가 가장 어렵다고 느껴지는 거지요. 그래서 농담 반 진담 반으로 '차라리 누가 진로를 정해줬으면' 하고 말하기도 해요. 사회의 벽은 또 얼마나 높은지, 경쟁자들은 얼마나 대단한지, 점점 더 작아지는 자신을 발견하면서 학교라는 울타리를 벗어난 나의 모습을 맞닥뜨리는 일이 쉽지는 않아요.

언니는 애초에 교사가 되기로 진로를 정한 상태였는데도 3학년이 되자 다시 고민하게 되었어요. 너무 일찍 진로를 정해버린 게 아닌가 하는 마음에, 어쩌면 나에게 더 잘 맞는 직업이 있을지도 모르는데 교사라는 꿈 때문에 보지 못하고 지나는 건 아닐까 하는 생각이 들더군요. 꽤 오랜 시간 동안 말 그대로 고통스러운 고민의 시간을 가졌어요. '나는 누구인가? 내가 진짜 좋아하는 것은 무엇인가? 내가 교사가 될 자질이 있는가?' 하는 어려운 질문을 스스로에게 던지게 되었지요. 답이 잘 나오지 않는 질문들에 답을 찾으려 끙끙대며 꽤나 힘든 시간을 보냈답니다. 내 진로를 누군가 정해줬다면 이런 고통의 시간은 겪지 않아도 되었을지도 모르지요. '아, 그냥 누가 딱 정해주면 좋겠다!'라고 생각한 적도 있었어요.

지금 꿈이 확실한 친구들도 대학에 와서 더 넓은 세상을 경험해보고 나면, 저처럼 진로에 대해 다시 한 번 고민하는 시기가 찾아올 거예요. 아늑한 둥지 속에 있는 여러분은 둥지 밖으로 빼꼼 고개를 내밀어 목표점을 설정하지요. 하지만 막상 둥지를 박차고 나와 그 점을 향해 날다 보면, 내가 보지 못했던 넓은 세상이 우리를 혼란스럽게 한답니다. 그 목표점 외에 다른 곳에 자꾸 눈길이 가기도 하고, 다른 곳에 비해 그 목표점을 향해 가는 길이 더 험난한 길이라는 걸 깨닫기도 하지요. 이미 그 목표점 가까이에 가 있는 선배와 친구들은 나보다 너무 뛰어나 보여 괜히 움츠러들게 돼요. 둥지 안에서 보는 것보다 하늘은 더욱 차고 매섭기도 하구요. 마냥 좋게만 보이는 자유의 이면에는 이렇게 무거운 책임감이 따르는 거지요.

대학생이 된다는 것은 그 차고 매서운 세상으로 날갯짓을 하는 것과 같답니다. 생각보다 매서운 공기의 흐름에 흔들리며 불안함을 느끼고, 잡힐 듯 잡히지 않는 목표점에 절망을 느끼기도 하며, 편안하고 아늑했던 둥지가 있던 곳을 돌아보게 되기도 해요. 여러분을 보며 '그때가 제일 좋았지.'라며 아련한 눈빛을 보내는 것도 그 이유에서일 거예요. 하지만 드넓은 하늘에서 느끼는 해방감, 보지 못한 풍경을 맞닥트리는 신선함, 목표했던 곳에 조금씩 가까워지고 있다는 성취감을 느껴 진심으로 행복하기도 하답니다. 이 자유를 누리지 못했던 지난 중고등학생 시절이 안타깝게 느껴지기까지 할 만큼요.

이 엄청난 자유와 무거운 책임감의 장인 대학에서, 언니는 어떤 시간을 보냈을까요? 서울대학교에서의 대학생활은 어땠을까요?

02

언니, 서울대가 정말 그렇게 좋아요?

우리나라 사람들에게는 '서울대 환상'이 있지요. 저만 해도 고등학생 때까지 서울대를 막연히 동경하곤 했어요. 구체적으로 어떤 점이 좋은지는 잘 모르지만 그냥 '국내 최고의 대학'이라는 타이틀 자체가 멋져 보였어요. 서울대에 다니게 된 지금도 이런 환상을 몸소 느낄 기회가 많아요. 어떤 모임에서든 학교를 밝히는 순간 마치 다른 사람이 된 것 같은 기분까지 느껴요. "어머, 너 서울대였어?"라는 말과 함께 저를 바라보는 눈빛이 변하곤 해요. 그다음에는 서울대에서는 천재들이 모여 토론하며, 학생들이 밤새워 공부하고, 서울대를 나오면 원하는 모든 직장을 가질 수 있지 않느냐고 묻기도 하지요.

하지만 이런 환상은 딱 절반 정도만 진실이에요. 게다가 제가 생각하는 서울대학교의 '진짜' 좋은 점은 이런 것들이 아니랍니다. 많은 학생들이 솔직한 서울대 이야기를 들을 기회가 없었을 거예요. 그래서 언니가 지금부터 진짜 서울대의 모습을 여러분께 보여드리려고 해요. 2013년 3월 부푼 가슴을 안고 입학한 날부터 지금까지, 약 4년 간 대학생활을 하며 제가 보고 느꼈던 서울대의 모습은 어땠을까요? 언니가 '서울대에 오기 잘했다'고 생각하는 진짜 서울대학교의 장점은 무엇일까요?

배움을 주고받는 친구들

가장 먼저 떠오르는 건 함께 대학생활을 하는 친구들이에요. 언니가 대학에 온 후 성장하는 데 가장 큰 영향을 준 건 학계에서 존경받는 교수님도, 가슴을 울리는 명강의도, 해외로 가는 대외활동도 아닌 바로 친구들과의 대화였다고 생각하기 때문이에요.

▲출처: 서울대학교 농업-자원경제학전공 하용현

서울대생들은 토론을 좋아해요. 즐거운 술자리가 무르익으면 서울대생들은 특이하게도 토론을 시작한답니다. 우리 주변의 문제에 대해 자신의 의견을 말하기도 하고, 더 나아가 우리나라의 사회문제에 대해 열변을 토하기도 해요. 그러면서도 언성을 높여 싸우는 일은 거의 없어요. 그저 자신의 생각을 정리해서 표현하고, 다른 사람의 새로운 시각을 듣고 싶은 거에 가까워요. 다들 고집이 센 건지 토론을 한다고 해서 쉽게 의견이 바뀌지는 않지만, 그렇다고 자신의 의견을 상대방에게 강요하지는 않아요. 의견이 다르다고 해서 화를 내지도 않지요. 그저 토론하는 동안의 그 열정과 분위기를 즐기는 거 같아요.

서울대생들의 이런 토론에 대한 열정은 문제의식으로부터 나와요. 많은 서울대생들이 한 번 더 생각해보는 습관을 가지고 있어요. 우리 사회에서 당연하다고 여겨지는 것들에 대해서 '왜 그럴까?' 하는 의구심을 가지고 '그래야만 하는가?'를 고민해보지요. 이 문제의식은 다시 말하자면 비판적 사고의 습관화랍니다. 어떤 문제를 그냥 받아들이는 일 없이 꼭꼭 씹어 자기 걸로 만들려는 일종의 '공부병'인 거지요. 예를 들면 요즘 우리나라에는 무한리필 고기집이 성행하고 인형 뽑기 가게가 우후죽순으로 생겨나고 있지요. 이런 현상을 보고 그냥 '요즘 이런 것들이 인기인가 보다.' 하고 넘어가지 않고, 왜 이런 것들이 유행하는지 어떤 사회적 의미를 지니는지 생각해보는 거지요.

이런 대화를 친구들과 몇 년 간 나누고 나니 이 세상이 온통 배움의 장처럼 느껴져요. 타요 스티커가 붙여진 타요 버스를 보면 '우와,

귀엽다!'에서 끝나지 않고, 예술이 일반 대중들의 생활에 가까이 왔을 때 어떤 효과를 지니게 되는지를 생각해보게 돼요. 이런 예술의 생활화 현상이 적용된 다른 예도 궁금해지게 되지요. 그러다가 지하철 승장장의 스크린 도어마다 붙어 있는 시들을 보며 이것 또한 그 예시가 될 수 있다는 것을 깨달아요. 그렇게 예술의 가치와 의미를 스스로 배우게 되는 거예요. 이런 과정들이 반복해서 일어나다 보면 세상을 보는 눈이 점점 깊고 넓어져요. 내가 비판적이고 호기심 어린 눈으로 세상을 보고 있음을 느낄 때, 서울대에 오길 참 잘했다는 생각이 들어요.

어떤 일에도 최선을 다하려는 친구들

서울대생에 대한 편견 중에는 '잘 못 논다' 혹은 '공부만 잘한다'도 있다는 걸 알아요. 하지만 이건 정말 사실이 아니에요. 서울대에 들어와서 놀란 것 중 하나는 서울대 학생들이 공부가 아닌 다른 일에도 대단한 열정을 가지고 있다는 거였어요.

서울대는 다른 학교들보다 동아리 활동이 더 발달되어 있어요. 중앙 동아리로 등록된 것만 80개가 넘고, 각 단과대 동아리까지 합하면 100개는 거뜬히 넘어요. 그 분야도 정말 다양해요. 춤, 합창, 뮤지컬, 기타 연주, 축구 동아리는 물론이고, 마술, 여행, 주식, 커피, 앱 개발 동아리 등 다른 학교에서는 쉽게 찾아볼 수 없는 동아리도 있지요.

각 동아리는 놀라울 만큼 열정으로 똘똘 뭉쳐 돌아가요. 뭐든 잘해내려는 집착이 있어서 그런지 동아리 주최 공연에 갈 때마다 깜짝깜짝 놀라요. 한번은 서울대학교 뮤지컬 동아리 '렛미스타트'의 공연을 보러갔는데, 그 완성도가 대학로 연극만큼 대단했어요. 그저 그런 학생들의 공연을 예상하던 스스로가 민망할 정도였어요. 그 동아리에 있는 친구에게 들어보니 방학 전부를 반납하고 공연을 준비한다더군요. 뮤지컬 안무를 위해 춤 학원에 등록하기도 하고, 하루에 10시간이 넘게 연습을 강행하기도 한다고 했어요. 볼 때마다 서울대생들은 정말 '대충' 하지를 못하는구나. 하고 생각하게 되곤 해요.

언니도 얼마 전까지 우리학교 벨리댄스 동아리 '쟈스민'의 회장을 맡았었어요. 학교축제나 단독 공연을 위해 준비할 때 완성도 높은 공연을 보여주고 싶은 욕심에 거의 매일 같이 연습 스케줄을 잡았는데, 놀랍게도 대부분의 친구들이 불평 없이 따라줬어요. 다들 최선을 다하고 악착같이 매달리는 게 습관이 되어 있는 것 같아요. 이 완벽주의적인 성향이 우리를 힘들게 할 때도 있지만 많은 경우 우리를 성장하도록 도와준답니다. 저도 벨리댄스의 '벨' 자도 모르는 사람이었지만, 2년 넘게 동아리 활동을 하다 보니 이제는 꽤나 그럴듯한 실력을 갖추게 되었어요. 함께 노력해주는 친구들이 없었다면 이만큼의 실력에 이르지 못했을 거라고 생각해요. 이처럼 어떤 일이든 '대충' 하지 않고 최선을 다하는 친구들과 함께 대학생활을 하면서 열정과 끈기를 배우게 돼요.

취직에 관하여

옛날엔 서울대를 졸업하기만 하면 취직할 수 있었다고 해요. 급격하게 산업 발전이 이루어지면서 일자리는 많이 생겨난 데 반해 대학에 갈 수 있는 인구는 그리 많지 않았지요. 수업하시는 교수님들의 이야기를 들어보면, 당신들이 대학에 다닐 때는 C 학점만 맞아도 잘한 거였다며 취직에도 문제가 없었다고 해요. 시위나 데모에 나가느라 수업 빠지기가 일쑤였다고. 그 시대를 지내오신 우리 부모님이나 할머니 세대는 지금도 그런 '서울대 막강 파워'가 유지되고 있을 거라고 생각하는 분들이 많을 거예요. 어쩌면 그 분들의 말씀을 듣고 자란 여러분도요.

하지만 이제 이건 딱 절반만 맞는 이야기가 되었어요. 서울대의 힘이 떨어져서라기보다는 모두에게 주어진 일자리 자체가 많지 않아요. 산업규모가 성장하고 새로운 분야가 개척되면서 일자리들이 만들어져야 하는데, 우리나라는 2000년대에 접어든 이후로 저성장을 겪고 있어 일자리가 제자리걸음이랍니다. 그래서 서울대생이라는 타이틀만으로는 취업할 수 없어요. 학교 밖 사람들은 우리가 취업 고민, 미래 고민을 하지 않아도 될 거라고 생각할지 모르겠지만, 고학년이 될수록 서울대생의 절반은 '뭐 하면서 먹고 살아야 하지?'로 고민하는 게 현실입니다.

그럼에도 불구하고 서울대생이 보다 좋은 시작점을 가지고 있다는 건 맞아요. 정확히 말하면 서울대를 졸업했지만 그 외에 아무런 준비가 없는 사람이라면 경쟁에서 쉽게 밀려나겠지만, 학교를 다니며 취직을 위해 꾸준히 준비해왔다면 그 경쟁에서 살아남을 확률이 높아요. 즉 서울대라는 학벌은 그 자체로는 잘 빛나지 않지만, 다른 준비나 경험이 어우러진다면 매우 강한 인상을 심어줄 수 있다는 말이지요. 서울대생이라는 타이틀은 '성실함'이나 '끈기'의 상징이기 때문이에요. 서울대에 입학할 수 있었다는 것은 학생 시절부터 꾸준히 공부해왔고, 완벽에 가까운 점수를 받기 위해 끊임없이 노력했음을, 그리고 그 노력의 결과 원하는 목표를 이룰 수 있었다는 것을 보여주니까요. 이런 꾸준함과 끈기, 목표를 달성해내고 말겠다는 집념 때문에 서울대생이라는 타이틀이 아직까지는 힘을 가지고 있다고 생각해요.

그래서 '서울대 환상'은 딱 절반만 진실이에요. 서울대는 천재들이 모여서 토론하는 곳이 아니라 평범한 사람들이 토론을 즐기게 되는 곳이에요. 밤새워 공부하는 사람도 있지만 밤새워 춤 연습을 하는 사람도 있어요. 취업 시장에서 무적의 힘을 가지고 있지는 않지만 유리한 시작을 할 수 있는 건 사실이에요. 더 자세한 이야기도 이어서 들려드릴게요.

03

유색유취 서울대생의 다양성과 개인주의

유색유취 서울대생

학교에서 만난 사람들은 대부분 자신만의 색깔이 뚜렷해요. 사람이라면 누구나 다른 색깔을 가졌겠지만 서울대생은 자신이 가진 색깔을 굳게 지킨다는 점에서 조금 다른 것 같아요. 내가 좋아하는 것과 싫어하는 것을 명확히 구분하고, 옳고 그름이나 선과 악에 대한 가치관도 뚜렷한 사람이 많아요. 그래서 저는 우리 학교 사람들이 개성이 뚜렷하다는 뜻에서 '유색유취'라고 표현해요.

또한 그러한 자신의 색깔이나 향기를 드러내는 데 큰 두려움이 없어요. 새내기 시절 처음 들어갔던 토론 수업에서 충격을 받았던 기억이 나요. 고등학교 때는 토론이나 발표를 하라고 하면 정적이 흐르곤

했는데, 수업 첫 시간에 많은 사람들이 손을 들고 너도나도 발표를 하려고 하는 거예요. 의견도 제각각일 뿐더러 같은 주장이라고 하더라도 그것을 뒷받침하는 근거도 모두 제각각이었어요. 그렇지만 아무도 그것에 대해 이상하다는 반응을 보이지 않아요.

처음에는 이렇게 주관이 뚜렷하고, 또 그것을 표현하는 사람들이 정말 놀라웠어요. 자신 있게 의견을 말하는 언니 오빠들이 정말 부러웠지만, 아직 다듬어지지 않은 저의 생각을 많은 사람들 앞에서 이야기한다는 것이 쉽지 않아 따라할 수가 없었어요. 그런데 서울대에 계속 머무르며 함께 어울리다 보니, 저도 토론 시간에 누구보다 열심히 참여하는 사람이 되어 있었어요. '이것도 좋고 저것도 좋아'라는 말보다는 '난 이건 별론데 저건 좋아'라는 말을 더 많이 사용하는 사람으로 변했어요. 이제 주관이 뚜렷하다는 말이나 의견을 잘 표현한다는 말, '색깔과 향기가 뚜렷하다'는 말이 저와 어울리게 되었지요.

주관이 뚜렷하다는 것과 고집스럽다는 건 종이 한 장 차이지요. 그래서인지 서울대생들은 고집이 세고 융통성이 없다는 평도 많이 들어요. 자신이 옳다고 생각하는 것을 밀어붙이는 뚝심은 좋지만, 그것이 옳지 않을 수도 있음을 인정하지 않고 고집을 부리는 사람들도 가끔 보인답니다. 그래서 수업시간 내내 토론을 해도 의견이 전혀 좁혀지지 않을 때도 있어요. 각자의 의견을 뒷받침해주는 근거가 있기에 쉽게 고집을 꺾지 않으려는 거지요.

사실 언니도 한 고집하거든요. 고집이 세서 내가 옳다고 생각하는 일은 꼭 해야 직성이 풀려요. 그러다 보니 당연히 후회하는 일도 몇 번 있었어요. 몇 번의 후회 끝에 언니는 '유색유취'를 유지하면서도 열린 마음을 가진 사람이 되자고 다짐하게 되었어요. 나만의 색깔과 향기를 가지고 있되, 그것이 고정된 불변의 것이 아니라 다른 사람과의 교류와 다양한 경험을 통해 언제든 변할 수 있음을 인정하는 거지요. 이런 열린 마음을 가지고 있다는 전제하에 서울대생들의 이 독특한 색깔과 향기는 칭찬할 만한 일이라고 생각해요.

이런 유색유취의 서울대생들과 함께 지내며 언니가 세운 삶의 원칙이 하나 있어요. 그건 바로 '다른 사람의 말에 함부로 고개를 끄덕이지 말자'예요. 우리는 습관적으로 다른 사람의 말에 공감하기도 하지요. 내 생각이랑 다른데도 그냥 '맞아 맞아' 하며 맞장구치고 넘어갔던 기억이 다들 있을 거예요. 우리나라에서는 꽤나 오랜 시간 동안 이것이 좋은 성격인 것처럼 여겨지기도 했지요. 하지만 언니는 그렇지 않다고 생각해요. 대화는 의견이 다를수록 풍부해져요. 여러분만의 고유한 색깔과 향기를 만들어가고 또 드러내기 위해서는 "어, 나는 조금 다르게 생각해."라고 말하는 용기가 필요해요. 단 '내 말이 맞고 네 말은 틀려!' 같은 공격적인 자세는 피해야겠지요. 내 생각이 옳지 않을 수도 있다는 열린 마음을 가지고 이야기해야 해요. 열린 마음과 다양한 생각이 어우러진 대화는 늘 여러분을 성장하게 해줄 거예요.

다양성과 개인주의

자신의 색깔과 향기에 누가 관여하는 걸 싫어해서인지 서울대생들은 다른 사람의 색깔과 향기를 잘 침범하지 않아요. '너는 그러니? 나는 이래!' 식 사고랄까요. 자신의 고집을 쉽게 꺾지 않지만 그렇다고 해서 남이 자신의 생각을 가져야 한다고 강요하지도 않아요. 토론을 할 때도 "무슨 말씀이신지 이해는 가지만, 저는 이렇게 생각해요."와 같은 발언이 많아요. 그래서 서울대는 다양성이 잘 유지되어 있다고 생각해요.

이것은 의견의 다양성을 넘어 존재의 다양성으로 이어지기도 해요. 아직도 우리 사회는 성소수자를 안 좋게 보는 시선들이 많이 존재하지요. 하지만 서울대학생 대부분은 성소수자를 다른 사람들을 인정하듯이 당연하게 존중해요. 그 사람이 가진 고유한 색깔과 향기에 이래야 한다 저래야 한다 강요할 생각이 없는 거지요. 우리 학교에는 성소수자 동아리도 있으며, 자신이 성소수자임을 밝혔던 후보가 학생회장이 되기도 했어요. 그만큼 성적지향을 포함한 다른 사람의 정체성에 개입하거나 옳고 그름을 따지려 들지 않아요.

이러한 다양성은 곧 서울대생의 개인주의적 성향을 드러내는 것이기도 해요. 개인주의는 자신만 생각한다는 이기심을 나타내는 말로 쓰이기도 하지만, 달리 말하면 타인에 대한 존중이기도 하니까요. 다른 사람이 어떻든 '그냥 걔는 그런가보다.' 하고 넘어가는 것이지요.

그래서인지 서울대생들은 단합이 잘 안 된다는 느낌을 받을 때가 많아요. 가끔 타 대학교의 단합력을 보며 부러워하기도 해요. 한 팀으로 똘똘 뭉쳐서 응원하고 행동하는 모습을 보면 우리 학교가 왠지 정 없어 보이기도 하더라고요. 서울대생들은 '우리는 하나!'라는 생각을 잘 하지 않는 것 같아요. 선배들한테 듣기로는 사회에 나가서도 이런 서울대의 개인주의가 느껴진다고 하더라구요. 다른 사람들은 회사에 모교의 후배가 들어오면 나서서 챙겨주고 동문 모임까지 한다고 하는데, 서울대 출신 사람들은 그렇지 않다고 하더라구요. 괜히 서울대 출신이라고 으스대는 거냐고 미움을 받아서 그렇다는 말도 있는데, 저는 그냥 우리 학교 학생들의 특징인 것 같아요. '너는 너대로 잘 살아라, 나는 나대로 잘 살겠다'라는 생각이랄까요. 그 이야기를 듣고는 '우리 학교는 너무 정이 없네.' 하고 생각하기도 했지요.

하지만 저는 이런 서울대생들의 개인주의가 우리 사회에 꼭 필요한 '따뜻한 무관심'이라고 결론지었어요. 우리가 살면서 고통받는 일의 대부분은 다른 사람들의 시선과 관심 때문이지요. '이 대학에 가면 친척들이 나를 어떻게 생각할까?' '이 직업을 꿈꾼다고 하면 사람들이 뭐라고 뒷담화를 할까?' '이런 옷을 입으면 사람들이 손가락질 하겠지?' 하는 생각들이 끊임없이 우리를 괴롭히지요. 다른 사람에 대한 관심을 조금 접고 그 관심을 자신에게로 돌리는 개인주의라면, 그것은 차가운 이기심이 아닌 '따뜻한 배려'라고 생각해요.

언니가 느낀 서울대생은 이래요. 판단은 여러분에게 맡길게요. 너무 차가워서 별로라고 생각하는 사람도 있을 테고, 자신도 그렇게 살고 싶다고 생각하는 사람도 있을 거예요. 자신의 개성이 뚜렷하지는 않더라도 카멜레온처럼 어느 집단에나 잘 어울리는 사람도 있을 테고, 타인에 대한 관심과 배려를 통해 행복한 삶을 살아가는 사람도 분명 있어요. 삶을 사는 방식에 정답은 없으니까요.

04

대학은 우리 사회의 축소판, 서울대의 진실

프랑스의 사회학자 에밀 뒤르켐(Emile Durkheim)은 학교를 '사회의 축소판'이라고 말했어요. 초등학교, 중학교, 고등학교, 그리고 대학교까지도 학교 내에는 바깥의 사회가 가진 가치 체계나 규율이 거의 동일하게 자리 잡고 있어요. '어떤 나라를 평가하고 싶다면 그 나라의 학교를 들여다보라'는 이야기도 있지요. 이렇게 학교는 사회를 비추는 거울과 같답니다. 우리 사회의 문제들은 학교에서도 어김없이 나타나고, 어떤 현상들은 서울대학교에서 더 두드러지게 확대되어 보이기도 해요. 서울대학교라는 거울에는 우리 사회의 어떤 모습들이 비춰 보일까요?

빈부격차

학교를 처음 다니기 시작하고 한 달이 채 지나지 않아 제가 느꼈던 건 '빈부격차'였어요. 서울대학교에 부유한 가정의 학생들이 많이 들어온다는 사실은 이미 언론을 통해 알려진 바가 있지요. 실제로 우리나라에서 매우 부유한 지역으로 구분되는 '강남 3구(강남, 서초, 송파)'에서만 매년 400명이 넘는 친구들이 서울대학교에 입학해요. 2016년 기준, 강남구에서 248명의 학생들이 서울대학교에 입학했는데, 이 작은 '강남'이라는 동네에서 입학한 학생들이 부산광역시(165명), 대구광역시(146)등 다른 대도시에서 오는 학생보다 훨씬 많아요. 엄청난 숫자지요.

또 《조선일보》에 따르면 1년에 드는 비용이 대학 등록금을 훌쩍 뛰어넘는 대원 외국어고등학교에서는 2016년에만 69명의 서울대학교 합격자가 나왔어요. 강원도 전체에서 71명, 전라남도에서 63명, 충청북도에서 53명, 저의 고향 제주도에서 33명이 합격하는 걸 고려하면 가히 대단한 숫자라는 걸 알 수 있지요. 한 학교에서 낸 합격자 수라고는 믿기지 않을 정도예요. 이렇듯 서울대학교에는 우리 사회에서 부유하다고 여겨지는 가정의 자녀들이 많이 들어옵니다.

하지만 그렇다고 서울대학생 전부가 경제적 여유가 있는 건 아니지요. 서울의 다른 대학교들에 비해 서울대학교는 등록금이 저렴한 편이에요. 학과에 따라 다르지만 보통 200만 원 초반에서 300만 원대를 넘지 않아요. 다른 사립대학교의 3분의 2 혹은 절반밖에 되지 않지요. 그렇다 보니 경제적으로 넉넉하지 못한 친구들이 입학하는 데 경제적 장벽이 낮은 편이고, 등록금을 낼 형편이 되지 않아도 국내 최고의 대학이라는 명성 때문에 빚을 내면서까지 입학한 친구들도 많아요.

그러나 어려운 친구들보다는 부유하거나 부유하진 못해도 부족한 것 없이 자란 친구들이 대부분이에요. 그래서 경제적 여유가 없는 친구들은 학교 안에서 상대적 박탈감을 많이 느낄 수밖에 없어요. 아르바이트를 해서 돈을 아껴가며 하루하루를 보내야 하는 친구들은 부모님이 학비와 주거비는 물론 여행이나 각종 활동을 적극적으로 지원해주는 친구들이 마냥 부러운 거지요. 그런 친구들이 소수라면 그 친구가 운이 좋은 거라고 생각하겠지만 학교에서 만나는 대부분의 친구들이 그렇다면 자신이 운이 나쁜 거라고 자책하기 쉬우니까요.

언니는 크게 부족한 것 없이 평범한 가정에서 살아왔는데도, 서울대학교에 다니며 '부럽다'는 생각이 들 때가 있어요. 제 전공이 영어교육이다 보니 영어를 해야 하는 일이 종종 있는데, 어린 시절을 영어권 국가에서 보낸 친구들은 너무 쉽게 영어를 하더라구요. 고등학교 때 나도 영어에서만큼은 둘째가라면 서러웠는데, 대학에 들어오고 얼마간은 괜히 의기소침하기도 했어요. 한국어를 하듯 아무런 어려움 없이 영어를 구사하는 친구들을 보며 '나도 어릴 때 외국에서 몇 년 살고 올 수 있었다면 공부가 훨씬 수월했을 텐데.'라는 생각을 했답니다.

그래도 학교에서는 경제적인 이유로 학업에 지장을 받지 않도록 하기 위해 장학금 제도를 잘 마련해 놓고 있어요. 서울대학교를 나와 사회에서 성공을 거둔 많은 선배들이 장학기금을 모아서 경제적으로 어려운 학생들을 지원하고 있답니다. 얼마 전부터는 '선한 인재 장학금'을 만들어 기초생활수급자와 차상위 계층 친구들에게 등록금 전액 면제 혜택을 주고, 더하여 학기당 850명에게 매달 기초 생활비 30만 원을 지급해요. 전체적으로 보면 자그마치 매년 30억 원 규모의 장학금을 수여하고 있답니다. 장학금 외에도 평일 아침과 저녁을 천 원에 제공해주는 등 다방면으로 도움을 주기 위해 노력하고 있어요.

성적에 대한 집착과 경쟁

경쟁이라는 단어 없이 한국 사회를 설명하기는 힘들지요. 지금 여러분도 중고등학교에서 치열하게 성적 경쟁을 치르고 있지요. 전교생의 단 4%만 1등급을 받을 수 있기에, 내 옆의 친구들보다 잘하기 위해 아등바등 기를 쓰고 공부해야 하지요. 그렇게 중고등학교 생활을 거쳐온 우리는 어느새 다른 사람들을 짓밟고 내가 우위를 차지해야 한다는 사고방식을 내면화하게 돼요.

안타깝게도 서울대학교의 사정도 다르지 않아요. 입시가 경쟁의 끝이고, 대학에 가면 무한한 자유가 찾아올 것 같지만 그렇지 않아요.

경쟁에서 이긴 친구들이 모여 더 치열한 경쟁을 한답니다. 이겨야 한다는 생각이 관성처럼 남아 있는 친구들도 있고, 대학 너머의 삶을 위해 어쩔 수 없이 공부를 붙잡고 있는 친구들도 있어요.

사기업에 취직하기 위해서는 경영학이나 경제학을 복수전공해야 하는데, 이 복수전공은 학점으로 줄을 세워 상위 몇 명만을 받아줘요. 학점 4.3(A+)이 만점인데 평점 평균이 못해도 4.0(A0)은 넘어야 해요. 즉 한두 개의 과목을 제외하고는 모두 A를 받아야만 하는 거지요. 뿐만 아니라 로스쿨이나 의학전문대학원에 들어가기 위해서도 아주 탁월한 점수를 받아야 해요.

여기에 문제를 심화시키는 건 거의 대부분의 수업이 상대평가로 이루어진다는 거예요. A대의 성적(A-, A0, A+)을 받을 수 있는 비율은 30-40%로 정해져 있어요. 알다시피 모두 고등학교 때까지 치열하게 공부하던 친구들이라 그 안에서 30%가 되는 일이 생각보다 더 어렵답니다. 그렇다 보니 학점을 잘 받아야 하는 친구들은 학교와 도서관만을 오가며 생활하기도 해요.

게다가 학생들이 이렇게 집착하는 평가의 방식조차 바람직하지 않다는 비난도 많이 받아요. 얼마 전 출간된 도서 《서울대에서는 누가 A+를 받는가》에 충격적인 내용이 실려 화제가 되기도 했지요. 교육과 혁신 연구소의 이혜정 소장님이 서울대학교에서 학점 4.0 이상인 친구들을 조사했는데, 많은 친구들이 선생님의 말을 녹음하고 그대로 노트북에 옮겨 필기한다고 대답했다고 해요. 그리고 시험에 '~

에 대한 생각을 써라' 혹은 '~에 대해 논하라'는 문제가 나오면, 실제로 그 문제에 대한 자신의 고유한 생각을 쓰는 게 아니라 교수님이 말한 그대로를 외워 적었다고 해요. 그렇게 해야만 좋은 성적을 받는다는 거지요. 나만의 창의적인 생각을 적거나 새로운 시도를 했더니 만족스럽지 못한 성적을 받았다는 한 학생의 증언이 있었어요.

때문에 고등학교 수준에서 크게 벗어나지 않는 방식의 공부라는 비난을 많이 받았어요. 대학이라는 곳은 지식을 받아들이는 것에서 더 나아가서 그 지식을 바탕으로 내 고유한 생각을 만들어 나가는 학문의 장이어야 하는데, 완전히 그 반대로 가고 있다는 거지요.

이 사태는 모두가 열심히 하고 또 잘 해내는 서울대 학생들을 상대평가로 줄을 세워야 하기 때문에 벌어지는 일이라고 생각해요. 교수님이 말씀하신 것은 '답 중의 하나'로 이미 검증이 되었지만, 내 새로운 생각은 아직 검증되지 않은 것이기 때문에 틀릴 여지가 있으니 새로운 시도를 꺼리게 되는 거예요. 한 번이라도 B 학점을 받으면 전문 대학원 진학이나 복수전공이 위태로운 상황인지라 점점 교수님의 말씀을 외우는 안전한 방식으로 공부하게 된 것일 테지요. 우리에게 창의적이고 비판적인 능력이 부족한 걸까요? 아니면 극심한 경쟁 속에서 그 능력을 발휘할 용기가 없는 걸까요?

빈부격차와 치열한 경쟁, 이 2가지 사회의 그림자가 이렇게 서울대학교에도 드리워져 있습니다. 점점 더 살기 각박해지고, 점점 더 치열해지는 이 사회 속에서 서울대학교는 어때야 하는 걸까요?

서울대 언니 오빠들은 정말 바빠!

'서울대생은 다 어떻다'고 단순하게 일반화하기는 사실 힘들지요. 하지만 제가 본 한 가지 공통점은 모두 '바쁘게 산다'는 거예요.

바쁘게 산다는 게 항상 좋은 것만은 아니지요. 바쁘게 사느라 자신과 주변을 돌아볼 여유가 없는 사람들이 행복하다고 이야기하기도 힘들어요. 하지만 바쁘게 사는 삶에서 좋은 점이라고 말할 수 있는 것은, 그것이 시간을 소중히 여기는 마음으로부터 비롯되었다는 사실이에요.

시간은 세 살짜리 아기한테도, 팔순을 맞은 할아버지에게도 동등하게 하루 24시간이 주어져요. 공부를 잘하든 못하든, 운동을 좋아하든 싫어하든, 서울에 살든 지방에 살든 누구에게나 평등하지요. 그래서 사람의 삶은 그 24시간을 어떤 일들로 채워 넣느냐에 따라 달라지게 된답니다. 이 시간을 아쉽게 생각하고, 의미 없이 보내고 싶지 않은 사람들이 그 24시간 안에 무언가를 '바쁘게' 채워 넣게 되는 거지요.

서울대생들은 대체로 시간을 의미 없이 보내는 것을 매우 싫어한답니다. 고등학교 때 시간을 쪼개가며 계획하고 실천한 경험이 있어서일까요? 대학생이 되면 여가시간이 당황스러울 만큼 늘어나는데, 다들 원래 그랬던 듯이 빼곡히 무언가를 채워 넣더라구요. 주어진 시간 안에 많은 일을 처리해낼 수 있는 것, 그게 서울대생들이 보편적으로 가지고 있는 특징들 중 하나라고 할 수 있어요.

그리고 그 일들은 보통 '바쁘다'고 하면 연상되는 토익 공부, 대외활동, 아르바이트들만 있는 건 아니에요. 대학 새내기 때는 '놀러 다니느라' 정말 바빠요. 저는 새내기 때 저 자신과 대학교 친구들을 보면서 고등학생 때까지 공부하느라 놀지 못했던 한을 푸는 몸부림 같다고 생각했었답니다. 그야말로 '동에 번쩍, 서에 번쩍' 다들 서울을 누비고 다녔지요. 서울뿐이겠어요? 동기들과 함께 여행도 가고, 난생처음 내 돈으로 해외여행을 갈 계획을 세우고, 그렇게 신나게 놀다가 밀린 과제나 시험공부를 벼락치기로 끝내버리기도 했지요.

맺힌 한을 신나게 풀어내는 새내기 시절이 끝나고 나면 서울대생들의 '바쁨'은 그 모습이 조금 바뀌어요. 무작정 놀러 다니는 것보다는 자기계발의 욕구가 커집니다. 공부만 하다가 대학교에 들어갔을 때는 '노는 것'이 최고인 것처럼 느껴지지만 1년 동안 신나게 놀고 나면 왠지 공허해지거든요. 남는 게 없는 것 같은 기분도 들지요. 이때부터는 자기계발의 욕구가 마구마구 샘솟아요. 친구들과 만나서 하루 동안 신나게 놀아젖히는 것보다는 접하지 못했던 것들을 새로 배우고 결과물로 뭔가를 남길 수 있는 활동을 찾게 돼요.

바로 자기계발의 욕구예요. 얼마 전 서울대학교를 졸업하고 꿈꾸던 직장을 가지게 된 선배를 만났는데, 직장에 적응하자마자 또 다시 새로운 도전을 준비하고 있더라구요. 사회에 나가 있는 많은 선배들을 보면 꿈을 향한 여행에는 종착지가 없다는 말이 딱 어울려요. 지금의 상태에서 한 발짝 더 나아가려는 욕구와 새로운 도전으로 자신을 밀어 넣으려는 마음을 가지고 있어요. 여유로워질 만하면 새로운 도전을 하니 늘 바쁠 수밖에 없지요.

이런 서울대생의 자기계발에 대한 열정은 자신에 대한 객관적인 평가로부터 나온다고 생각해요. 학자들은 공부를 잘하기 위해서는 자신이 아는 것과 모르는 것, 자신이 잘하는 것과 못하는 것을 구별할 수 있는 능력이 중요하다고 말해요. 이를 잘 파악할 수 있어야 장점은 강화하고 단점은 보완하고자 하는 욕구가 생기기 때문이겠지요. 서울대에 합격할 만큼 공부를 잘한다는 것은 자기 자신에 대한 냉정한 평가가 뒷받침되었다고 할 수 있을 거예요.

그런 의미에서 서울대생들은 자기가 잘하는 것을 극대화하기 위한 방법을 잘 찾는 것 같아요. 공연 동아리에 있는 친구들의 이야기를 들어보면 자신이 노래나 춤을 좋아하고 또 꽤나 잘한다는 사실을 알고 있었대요. 그렇지만 공부하느라 제대로 해볼 기회가 없었고, 대학에

오면 꼭 해보리라 다짐했었다고 해요. 자신이 가진 능력을 최대한으로 끌어올리기 위해 노력하는 거지요.

언니도 대학에 오기 전부터 내가 춤추는 걸 좋아하고 무대에 서는 일을 좋아한다는 걸 알고 있었어요. 중학교 1, 2, 3학년 세 번 다 축제 무대에 올라가서 장기자랑도 했거든요. 근데 그건 반짝 1~2주 정도 준비해서 올라가는 거라서 항상 아쉬웠어요. 고등학생이 된 후에는 공부를 이유로 그마저도 하지 못했지요. 그래서 대학에 들어와서는 춤 동아리에 들어가 내 잠재력을 최대한으로 끌어올리려고 노력했어요. 교사라는 꿈에 직접적으로는 전혀 도움이 되지 않겠지만, 그냥 제 안의 능력을 끌어올리고 싶었어요.

이렇게 잘하는 것을 극대화하기 위해 노력하는 동시에, 서울대생들은 자신이 잘하지 못하는 걸 보완하려고 해요. 언니의 친한 친구는 발표 동아리에 가입했어요. 수업을 듣고, 공부를 하고, 문제를 푸는 데는 누구보다 뛰어나지만, 사람들 앞에서 자신감 있게 이야기하거나 조리 있게 발표하는 것에는 서툴다고 스스로 느꼈기 때문이에요.

실제로 1년 동안 꾸준히 동아리 활동을 하며 친구는 발표 실력이 많이 좋아졌다고 하네요.

또 다른 친구는 우리 학교에 '인문계열'로 입학했어요. 인문대 소속인 '인문계열생'들은 입학 후 1년이 지나고 2학년이 될 때 노어노문학과, 중어중문학과, 서어서문학과 등으로 진입하게 돼요. 제 친구는 그중 중어중문학과에 가게 되었어요. 하지만 그 친구는 그 전에 단 한 번도 중국어를 배워본 적이 없었어요. 중문학과에는 외고 중국어과에서 3년 동안 중국어를 배우고 온 친구, 심지어는 중국에서 살다 온 친구들도 있었어요. 그래서 친구는 스스로 많이 부족하다는 걸 인정하고, 방학 때마다 학원을 다니고 학기 중에도 스스로 공부하며 중국어 공부에 몰두했어요. 그 결과 지금은 중국어를 더 오래 배운 다른 동기들만큼이나 훌륭한 중국어 실력을 갖추게 되었어요.

이렇게 습관적으로 스스로를 돌아보며 장점은 살리고 단점은 극복하려고 노력하니 서울대 언니 오빠들은 정말 바쁠 수밖에 없겠지요?

새내기 때 여기저기 놀러 다니느라고 바쁘든, 그 이후에 자기계발을 하느라고 바쁘든, 중요한 건 시간을 소중히 여기는 마음이라고 생각해요. 무의미하다고 생각하는 일에 쏟는 시간은 아까워하고, 나를 더 발전시킬 수 있는 일에 쏟는 시간은 아까워하지 않는 것이 중요해요. 무작정 바쁜 게 좋은 건 아니에요. '쉬는 것'은 '방자한 것'과는 달리 무의미한 일이 아니라 나를 더 발전시키기 위한 일에 속하니까요. 여러분도 건강한 바쁨을 누릴 수 있으면 좋겠어요.

06

서울대만 합격하면 미래가 전부 해결되는 거 아닌가요?

여러분, '학벌 없는 사회'라는 이름의 단체가 있었다는 거 아시나요? 이 단체는 1998년에 출범하여 무려 17년간 학벌주의에 젖은 대한민국에 '서울대 해체' 등의 목소리를 꾸준히 내던 단체랍니다. 그런데 2016년 마지막 회의를 끝으로 학벌 없는 사회가 해산했답니다.

학벌 없는 사회가 해체한 이유는 대한민국에서 학벌주의가 사라졌기 때문이 아니었어요. 학벌 없는 사회의 마지막 총회에서 이철호 전 대표는, 학벌주의가 여전히 우리나라의 교육에 본질적인 문제로 자리하고 있지만 옛날만큼 학벌 그 자체가 권력 획득의 주요 원인이 되지 않고 있기에 단체를 해산한다고 말했어요. 취업난에 허덕이는 많은 명문대생들을 향해 학벌주의 타파를 외쳐봤자 공허하고 잔인한 울림을 줄 뿐이라고 생각했겠지요.

이 단체의 해산은 굉장히 상징적이에요. 학벌 없는 사회를 더 이상 소리 내어 외칠 이유가 없다는 것은 곧 학벌 중심의 사회가 서서히 해체되고 있다는 말이기도 할 거예요. 더 이상 'SKY(서울대, 고려대, 연세대)'를 나왔다는 사실이 우리를 보호해주지 않는다는 거지요. 서울대에 합격했다고 미래가 해결될 수 있을지는 미지수랍니다.

일자리는 줄어들고, 경쟁이 치열해지는 이 사회에서 서울대생이라는 딱지는 오히려 우리의 발목을 잡기도 해요. 우리는 정말 미래가 불투명한데, 부모님 세대를 포함한 다른 어른들이 보기에는 '배부른 소리'라고 말해요. 그럴 만도 한 게 당신들 세대 때는 서울대만 나오면 기업들이 환영해주었으니까요. 급속도로 우리나라가 발전하면서 일자리도 많이 생겨났는데, 대학에 갈 수 있는 가정환경은 상대적으로 적었기 때문에 우리 윗세대 분들은 서울대생이라면 누구나 미래가 확실히 보장되어 있다고 믿고 있답니다.

내 능력의 현 주소에 맞는 직장에 들어갈까 고민했다가도 '서울대 나와서 고작 ~밖에 못하더라'는 말을 들을까 겁이나 한 걸음 물러서게 돼요. 부모님과 다른 친구들이 서울대생에게 거는 기대가 얼마나 큰지 알기 때문에 그들을 실망시켜선 안 될 것 같아서요. 실망시키지 말아야 할 건 주변뿐만이 아니지요. 어쩌면 더 저버리지 않고 싶은 건 자기 자신일 거예요. 서울대에 합격하기 위해 학창시절에 쏟아부었던 노력, 서울대학교 입학식 날 가슴에 품었던 큰 꿈들이 눈에 밟혀 쉽게 눈을 낮추지 못한답니다. 이렇게 서울대생이라는 이름표는 우리를 옮아매기도 하지요.

그러니 서울대에만 합격하면 미래가 전부 해결될 거라는 믿음은 너무나 순진한 생각이에요. 서울대라는 타이틀을 믿고 아무것도 하지 않는다면 다른 대학에 가서 4년 내내 열심히 노력한 친구들과의 경쟁에서 이길 수 없어요. 대학의 타이틀은 고등학생 때까지의 노력과 성취도를 보여줄 수는 있지만, 성인이 된 후 여러분의 삶을 보여주지는 못하지요. 성인으로서의 삶은 대학 이름이 아닌 다른 활동들이 보여주는 거예요. 서울대생이라는 타이틀은 나를 보여주는 여러 가지 방법 중 하나일 뿐 결코 전부가 아니며, 전부가 되어서도 안 되는 거니까요.

대학은 우리 인생의 전부가 아니에요. 우리 사회는 마치 대학에 따라 삶이 모두 결정되는 것처럼 말하지만 결코 그렇지 않아요. 대학을 가든 안 가든, 서울대를 가든 못 가든, 결국 어떤 삶을 살아가게 되느냐는 내가 만들어가게 되는 거예요. 그러니 특정 대학에 가는 것이 내 인생의 마지막 목표인 것처럼 집착해선 안 돼요. 그런 친구들은 오히려 대학에 들어가 너무나도 다른 현실에 부딪혀 허망함에 빠지고 말 거예요.

그럼에도 부정할 수 없는 건 서울대생들이 더 좋은 시작점을 가지고 있다는 거예요. 게임에 비유하자면 고등학생 시절이 1라운드, 대학 시절이 2라운드와 같다고 할 수 있어요. 1라운드에서의 성과로 2라운드의 시작점이 정해지는 거지요. 서울대학교에 합격했다는 건 1

라운드에서 좋은 성적을 거뒀다는 거고, 남들보다 조금 앞서서 시작할 수 있다는 걸 의미해요. 만약 여러분이 서울대에 들어오고 나서도 꾸준히 자신을 계발하며 준비한다면 똑같은 노력을 한 다른 친구들보다도 더 멀리 달려갈 수 있겠지요.

또한 서울대생들에게 더 많은 성장의 기회가 주어지는 것도 사실이에요. 다양한 경험을 하기 위해 중요한 건 다양한 활동에 참여해보는 거지요. 그 다양한 활동의 예시로는 각종 기업체에서 하는 대외활동 및 봉사활동이나 학교 안팎의 동아리 등이 있어요. 그런데 이 대외활동이나 봉사활동에서 서울대생이라는 타이틀을 굉장히 높게 평가해줘요. 그래서 경쟁이 치열한 대외활동에서도 다른 학교보다 합격하기가 훨씬 수월하지요. 이는 학교 밖 동아리에서도 마찬가지예요. 별다른 경력이 없어도 서울대생이라는 이유로 '잘 할 것이다'는 인상을 주어 많은 동아리에서 환영을 받지요.

서울대생이라는 타이틀이 특별할 것 없는 서울대 안에서도 성장의 기회는 많아요. 우선 뛰어난 능력을 가지고 열심히 노력하는 선후배 동기들이 주변에 많기 때문에, 그들에게 좋은 자극을 받아 성장을 위해 노력하게 돼요. 또 마음만 먹으면 능력 있는 친구들로 구성된 학술 혹은 경영 동아리에서 공모전이나 여러 프로그램에 참가하며 성장할 수 있는 환경이 마련되어 있지요. 고개를 돌리면 끊임없이 배우려는 사람, 꿈을 향한 열정을 가지고 달려가는 사람이 있으니 그들에게 조언을 구하기도 쉽구요. 성장하려고 마음먹는 순간 그 어떤 곳보다도 유익한 곳이 바로 서울대학교랍니다.

결국 중요한 건 서울대학교의 장점들만을 과신해서는 안 된다는 거예요. 서울대학교뿐만 아니라 다른 이름난 대학도 마찬가지예요. 좋은 대학에 간다는 건 유리한 위치에서의 시작을 의미하지만, 그건 언제까지나 그 시작점을 딛고 성장하려고 노력하는 사람에게나 유효한 일이에요. 그러니 여러분은 대학 합격이 아닌 대학 너머의 삶을 목표로 삼았으면 좋겠어요. 그 목표를 향해 나아가는 과정에 대학이 놓여 있었으면 좋겠어요. 대학에 합격하면 내 삶이 다 풀릴 것처럼, 대학에 불합격하면 내 삶이 다 망가질 것처럼 생각하지 않았으면 해요.

07

서울대가 아니어도 괜찮아

2012년 11월, 언니가 수능을 보고 집에 들어온 날 밤 이야기예요. 시험을 보고 온 저는 떨리는 마음으로 인터넷에 뜬 정답과 저의 답안지를 비교해보았어요. 채점을 마치고 저는 수능에서 평소보다 좋지 않은 성적을 냈다는 사실을 깨달았어요. 아직 서울대학교 수시 발표는 나지 않았을 때지요. 문과에서 정시로 서울대에 진학하려면 만점에 가까운 점수를 받아야 한다는 사실을 알고 있었기에, 목표했던 서울대에 가지 못할지도 모른다는 불안감이 저를 순식간에 압도했어요. 밤낮으로 열심히 공부했던 지난날들이 스쳐 지나가면서 눈물이 흐를 것만 같았어요. '대학은 왜 단 한 번의 시험으로 나를 판단하려고 하나. 나는 이것보다도 훨씬 더 실력 있는 사람인데 왜 이것밖에 못했을까.' 하는 생각으로 상심이 컸지요.

아무 말 없이 저는 방으로 들어갔어요. 여러 생각이 스쳐 지나갔어요. 다른 학과보다 높았던 수시 경쟁률, 서울대 유망주라며 저를 치켜세우던 선생님들, 자기도 긴장됐을 텐데 하은이는 잘할 거라며 저를 격려해준 친구들이 생각났어요. 무엇보다도 열심히 노력했던 지난날들을 떠올리니 마음이 무너지는 것 같았어요. 나 자신을 포함한 수많은 사람들의 기대를 받고 있는데 서울대에 합격하지 못하면 어떻게 해야 하나 하는 생각에 정말 참담했지요. 집 안에 있으니 끝없이 우울해지는 것 같아 집 밖으로 나왔어요.

"막둥아, 서울대가 아니면 뭐 어떠냐?"

멀리도 못 가고 대문 앞에 쭈그리고 앉아 있는 저에게 아빠가 건넨 말이에요. 그 말이 얼마나 위로가 되던지. '그래, 서울대가 아니면 뭐 어때? 서울대에 못 간다고 내 인생이 끝나는 것도 아닌데 말이야.' 하는 반항심이 생기더군요.

"아빠는 하은이가 어느 대학에 가든 행복하게 잘 살 거라고 믿어."

이 말에 저는 결국 왈칵 울어버리고 말았어요. 서울대학교를 못 가면 행복하지 않은 삶을 살게 될까봐 두려웠던 거예요. 고등학생 때는 대학이라는 곳이 제 인생을 결정할 거라고 생각했으니까요. 대학이 중요하다고 귀에 못이 박히도록 들어왔으니 좋지 않은 대학에 가는 걸 '불행해지는 것' 혹은 '패배하는 것'이라고 여겼던 거지요.

아버지의 말을 듣고는 조금씩 긍정적으로 생각하기 시작했어요. 수능이 끝나고 약 한 달 뒤가 수시 합격자 발표였는데, 그 한 달 동안 이 스스로에 대해서 가장 많이 생각해봤던 때였던 것 같아요. 열심히 달려왔던 것에 비해 좋은 결과를 받지 못했다는 좌절감도 이따금씩 찾아왔고, 그럴 때면 내 노력을 인정받기 위해 재수해야겠다고 결심하기도 했어요. 하지만 그러다가도 어느 대학에 가든 내가 어떻게 하느냐가 중요하고, 어쩌면 나에게 더 좋은 기회가 찾아올지도 모른다는 생각에 희망이 생기기도 했어요. 아버지 말씀처럼 어느 대학에 가든 행복을 찾는 건 나 자신이라고 생각하게 되었지요. 물론 그러다가도 수시 모집에서 합격할 수 있기를 수없이 기도하기도 했어요. 그 갈팡질팡하는 질풍노도의 한 달 동안 제가 내릴 수 있는 결론은 딱 하나였어요.

'재수를 하든, 수능 점수에 맞춰 대학을 가든, 수시 합격으로 서울대학교에 가든 나는 행복할 것이다.'

저는 아버지의 말씀처럼 제가 어떤 선택을 하든 그 안에서 행복할 수 있는 방법을 찾으며 행복하게 살 거라고 다짐했어요. 생각해보니 제가 재수나 점수에 맞춰 대학을 가는 경우에서는 최악의 상황만을,

수시 합격으로 서울대에 가는 경우에서는 최고의 상황만을 상상하며 둘을 비교하고 있더라구요. 재수를 하면 1년 내내 힘들고 지칠 것만 같고, 수능 점수에 맞춰 대학을 가면 다른 스카이 대학의 친구들보다 훨씬 못한 삶을 살 거라고 생각했던 것 같아요. 반면 수시 합격으로 서울대에 입학한다면 내 미래가 보장되고, 좋은 친구들만 가득하며, 가슴을 울리는 명강의를 듣게 될 거라고 생각했어요. 머릿속에서 내가 원하는 선택지는 이상화시키고, 나머지는 전부 최악의 경우로 만들어버린 거예요.

찬찬히 생각해보니 재수와 정시 입학이 꼭 그렇게 나쁘지만은 않겠더라구요. 재수를 한다면 더 나은 미래를 위해 1년 더 투자하기로 한 것이니 그 목적에 맞게 최선을 다해 공부하고, 그를 통해 더 발전하는 성취감과 행복을 느낄 수 있을 거라 생각했어요. 수능 점수에 맞춰 정시로 입학하면 그 학교에서 제공해주는 기회들을 더 용이하게 잡을 수 있을 거라는 생각이 들었어요. 서울대에 들어간다면 저만큼 혹은 저보다 더 공부를 잘하는 사람들과 치열하게 경쟁해야 하는데, 다른 곳에서는 조금 덜 치열하게 기회를 잡을 수 있을 거라고 생각했어요. 열심히 공부해서 성적 장학금도 받고, 내가 그 학교를 빛내는 인재가 되는 상상도 했어요. 서울대학교에서 나는 평범한 학생들 중 한 명이겠지만, 다른 곳에서는 제가 뛰어나고 소중한 학생으로 여겨질지도 모른다고 생각했거든요. 이렇게 생각하니 앞의 두 선택지가 그리 잔혹한 것만은 아니더라구요.

결국 제 행복을 결정하는 건 서울대가 아니라 저 자신이더군요. 내가 어떤 상황에 놓여 있든 스스로가 선택한 길에 책임지는 마음으로 최선을 다한다면 행복할 수 있는 방법은 너무나도 많다는 걸 깨닫게 되었어요. 감사하게도 수시 전형에 합격해서 지금 이렇게 서울대를 다니고 있지만, 그때 불합격을 받았더라도 저는 행복한 삶을 살았을 거라고 믿어요. 아마 서울대에 합격하지 못한 미련이 남아 서울대생들에게 이따금씩 부러움을 느끼기는 하겠지만, 그러는 와중에도 내 상황에서 최선을 다하기 위해 노력하며 행복하게 살고 있을 것 같아요. 대학은 저의 전부가 아니니까요. 수능과 입시는 제 모든 것을 결코 평가해줄 수 없으니까요.

서울대가 아니어도 괜찮아요. 명문대가 아니면 뭐 어때요. 우선 쿨하게 인정합시다. 학벌은 좋으면 너무 행복한 것이지만, 좋지 않다고 해서 좌절할 필요는 없다는 것을요. 중요한 건 내가 현재 처한 상황에서 최선이 무엇인지를 고민해보고, 그것에 다다르기 위해 노력하는 거지요. 우리를 행복하게 하는 건 수능 점수도 내신성적도 대학도 아니에요. 우리에게 진정한 행복을 가져다주는 건 바로 내가 내 삶의 주도권을 쥐고 있다는 바로 그 믿음이에요. 일개 대학이 쥐락펴락할 만큼 내 인생이 연약하고 부실한 게 아니라는 사실을 보여주세요.

서울대생이 고등학생으로 돌아간다면 무엇을 하고 싶을까?

서울대학교 학생들이 고등학생으로 돌아간다면 꼭 하고 싶은 게 무엇이고, 그 이유는 무엇일까요? 고등학교 시절을 떠올려봤을 때 가장 소중했던 기억은 뭘까요? 언니가 현재 서울대학교에 재학 중인 50여 명에게 물어봤어요.

Q. 고등학생으로 돌아간다면 꼭 하고 싶은 일은?

1위. 악기, 운동 등 공부가 아닌 흥미를 찾아서 배우기 (24명)
2위. 진로에 대해 더 많이 고민해보고 체험해보기 (16명)
3위. 공부하기 (4명)
기타 (6명)

서울대학교 친구들이 가장 많이 지목한 것은 악기나 운동 등 공부가 아닌 일에 시간을 투자하는 거였어요. 그 이유는 사람마다 다양한데 취미 생활이 고등학교 이후의 삶을 행복하게 해주기 때문이라고 대답한 사람도 있었고, 그런 활동을 통해 다른 부류의 사람들을 만날 수 있을 것 같다거나 공부하느라 쌓였던 스트레스를 풀 수 있었을 것 같다는 사람도 있었어요. 두 번째로 많이 나왔던 건 진로에 관한 이야기였어요. 공부를 열심히 해서 서울대학교에 들어온 친구들도 엄청난 진로 고민에 빠진답니다. 대학을 목표로 성적에 맞춰 전공을 선택했다거나 전공에 대해 충분히 고민해보지 않은 상태에서 입학하게 된 경우가 그래요. 고등학생으로 돌아간다면 스스로에 대해 더 생각해보고 학과와 진로를 결정했을 거라는 의견이 많았답니다. 마지막 3위는 언니도 의외였어요. 정말 많은 친구들이 공부를 더 하고 싶다는 의견을 주었어요. 내신 관리를 자신보다 더 잘해서 원하는 학과에 진학한 친구들이 부러워서 그렇다는 현실적인 이유도 있었고, 입시를 위한 공부가 아니라 진짜 나를 위한 공부를 열정적으로 해보고 싶다는 친구도 있었어요. 그 외에도 연애, 동아리 활동, 야간 자율학습에서 몰래 빠져나오기, 친구들과의 여행 등 다양한 의견이 나왔어요.

Q. 고등학생 시절을 돌아봤을 때 가장 소중한 기억은 무엇인가요?

이 질문에는 너무 다양한 응답이 나와서 순위를 매길 수가 없었어요. 여러분이 예상하기로는 어떤 대답이 나왔을 것 같나요? 재미있게도 서울대학교에 합격했을 때나 전교 1등을 했다거나 모의고사에서 좋은 성적을 냈을 때라고 대답한 사람은 단 한 명도 없었어요. 가장 많이 나온 단어는 '친구'였답니다. 많은 사람들이 친구들과 함께 급식을 먹고 산책을 했던 것, 체육복 입고 꾸미지 않은 모습으로 뛰어놀았던 것, 야자를 하다 몰래 떡볶이를 시켜 먹었던 것, 쉬는 시간 10분 동안 친구들과 아이스크림을 전투적으로 먹었던 것 등을 가장 소중한 기억으로 꼽았어요. 대학생이 되면 나를 꾸미기 시작하고, 있는 그대로의 나를 보여주지 못하게 되는 순간이 와요. 친구들과 같은 반에서 좋으나 싫으나 함께 했던 때와는 달리 대학에서는 내가 노력하지 않으면 혼자 남겨지기가 너무 쉬워서 많은 친구들이 외로움을 느끼게 돼요.

그다음으로 많이 거론되었던 건 하루하루 열심히 살았던 기억이었어요. 원하는 목표를 이루기 위해 열정을 가지고 시간을 투자했던 기억이 삶을 살아가는 데 있어 소중한 자원이 되어준다고 해요. 여러분이 생각하기에는 그 노력의 결과를 성취해낸 순간이 가장 기억에 남을 것 같지만 사실 소중하다고 생각하는 건 그 결과보다는 과정인 거지요. 무언가에 시간과 정성을 바쳐 몰두할 수 있었던 그 과정은 지금 생각해도 너무 잘한 일이고 소중하게 느껴져요.

언니라고 불러도 돼요

: 4부 :

멘토가
멘토에게

01

너도 누군가의 멘토가 될 수 있어

우리에게 '멘토'는 굉장히 익숙한 단어지요. 서점에 가면 각종 책 제목에서 '멘토'가 보이고, 학원 광고나 텔레비전에도 멘토라는 단어가 자주 쓰여요. 학교에서도 학생의 고민을 잘 들어주고 성심껏 도와주는 선생님들은 '멘토 선생님'이라고 불리지요. 서울 시내 어떤 고등학교에서는 상급생과 하급생을 일대 일 멘토-멘티로 정해 학교생활을 하며 궁금한 점을 해소하고 서로 도와줄 수 있도록 한대요. 이렇게 멘토의 존재는 학교 안팎으로 널리 퍼져 있답니다.

이 익숙한 단어 '멘토'의 기원을 아시나요? 멘토(Mentor)는 그리스 신화의 인물 '멘토르'에서 유래되었다고 해요. 멘토르는 오디세우스의 친구인데, 오디세우스가 트로이 전쟁을 위해 나라를 떠났을 때 아들 텔레마코스를 돌봐주었어요. 오디세우스가 자리를 비우는 동안 멘토르는 텔레마코스가 나라를 지킬 수 있도록 무려 10여 년 동안 도와주었는데, 아버지를 대신하여 엄하게 꾸짖기도 하고, 아버지의 빈자리에 외로움을 느끼는 텔레마코스의 마음을 채워주기도 하고, 위기의 순간에 현명한 선택을 할 수 있도록 아낌없이 조언했어요. 그래서 오늘날의 멘토는 '지혜롭고 신뢰할 수 있는 인생의 스승'이라는 의미를 갖게 되었답니다.

이 신화를 통해 우리는 멘토라면 가져야 하는 3가지를 알 수 있어요. 첫 번째는 바로 '경험'이에요. 멘토르가 텔레마코스를 이끌어줄 수 있었던 건 멘토르가 살면서 쌓아온 지혜였어요. 살아온 동안의 경험을 통해 어떤 상황에서 어떻게 대처하는 게 현명한지를 알고 있었고, 그것을 텔레마코스에게 전수해준 거지요. 두 번째 자질은 '책임감'이에요. 10년이라는 긴 시간 동안 멘토르는 한 순간도 텔레마코스에 대한 책임을 저버리지 않았어요. 자신의 자식은 아니었지만 친구의 부탁으로 10년이라는 긴 시간 동안 텔레마코스의 아버지이자 선생님이자 좋은 친구가 되어 그의 옆을 지켰어요. 세 번째는 '사랑'이에요. 아무리 지혜롭고 책임감 있는 지도자라도 텔레마코스를 사랑하는 마음이 없었다면 그 자리를 지키지 못했을 거예요. 사랑하는 친구의 아들인 텔레마코스가 훌륭하게 자라기를 멘토르는 진심으로 원했을 거예요.

이 3가지를 갖춘다면 누구나 멘토가 될 수 있어요. 멘티를 사랑하는 마음, 나 몰라라 하고 도망치지 않는 책임감, 경험으로부터 나온 지혜를 갖춘 사람이라면 누군가의 멘토가 될 자격이 있는 거예요.

언니는 여러분의 멘토가 될 수 있다고 생각해요. 저는 여러분보다 몇 년 더 빨리 태어나서 고등학교를 졸업하고 대학에 다니고 있기 때문에 중고등학교 생활이나 입시, 대학생활에 관해서는 더 많은 경험과 깨달음을 가지고 있다고 할 수 있지요. 또 언니는 이 글을 쓰며 거짓이나 과장 섞인 이야기는 하지 않겠다고 결심했고, 그건 제가 한 말에 영향을 받을 여러분에 대한 책임감이지요. 그리고 여러분 한 명 한 명을 만나본 적은 없지만 그 시기를 먼저 지나온 사람으로서 여러분 같은 학생들에게 큰 사랑을 품고 있답니다. 교사가 되기로 결심한 것도 그 사랑으로부터 나온 선택이었어요.

언니가 여러분의 멘토가 될 수 있는 이유는 똑똑해서도, 서울대생이어서도, 여러분보다 나이가 많아서도 아니라 여러분에 대한 사랑과 책임감, 그리고 공유하고 싶은 경험과 깨달음이 있기 때문이에요.

언니가 여러분의 멘토가 되어줄 수 있듯이 여러분도 충분히 누군가의 멘토가 되어줄 수 있어요. 공부를 잘하든 못하든, 경험이 많든 적든, 나이가 더 많든 적든 상관없이 만약 여러분이 자신의 경험을 통해 깨달았던 생각을 간직하고 있고, 그걸 누군가를 사랑하는 마음에서 나누려 한다면 그리고 내 조언의 무게를 인식하고 책임질 수 있다면, 여러분도 멘토인 거지요.

조금 더 좋은 멘토가 되기 위하여

하지만 물론 모두가 다 똑같은 멘토라고 할 수는 없을 거예요. '더 신뢰가 가는 멘토, 더 영향력 있는 멘토'라는 건 존재해요. 지금 여러분 그 자체로도 충분히 좋은 멘토가 될 수 있지만 2가지 습관을 지금부터 만들어 나간다면 훗날 더 좋은 멘토가 될 수 있어요. 그 방법은 무엇일까요?

첫째, 내가 맡은 일에 최선을 다하는 거예요. 그 일은 공부일 수도 있고, 아르바이트일 수도 있고, 춤 연습일 수도 있어요. 나에게 주어진 일, 혹은 내가 해야겠다고 생각한 일에 푹 빠져서 남들보다 더 열심히 했던 기억이 있다면 훗날 그 일을 하고자 하는 누군가에게 좋은 멘토가 되어줄 수 있어요. 어떤 일에 몰두해본 사람만이 그 일의 힘든 점도 이해할 수 있고, 또 그걸 이겨내는 방법도 알 수 있을 거예요. 아무리 높은 위치에 올라간 사람이라도 설렁설렁 대충대충 '운으로' 올라간 자리라면 좋은 멘토가 될 수 없겠지요. 뭐가 힘든지, 어떻게 이겨내야 하는지, 어떤 게 가장 좋은 방법인지를 깨달아본 적이 없으니까요. 그러니 좋은 멘토가 되기 위해서는 지금 내 손에 놓인 일이 어떤 일이든 최선을 다해야 해요.

둘째, 나 자신에게 솔직해야 해요. 좋은 멘토는 자신을 과대 포장하지도, 스스로를 너무 깎아내리지도 않아요. 이 세상에 완벽한 사람은 없어요. 자신이 가진 장점을 이야기하되 단점이나 한계도 인정하는 것이 신뢰를 주는 멘토가 될 수 있는 방법이에요. 이를 위해선 우선 스스로에게 솔직해야 해요. 나의 강점과 약점을 객관적으로 파악하고, 그중 다른 사람에게 도움이 될 수 있는 부분을 과장 없이 보여주어야 해요. 자신이 모르는 부분 혹은 자신도 잘 못하는 부분을 솔직하게 인정해야 해요. '내가 다 옳다'고 생각하는 사람은 멘토가 될 수 없어요. 누군가의 '예비 멘토'인 여러분은 친구와 이야기를 나눌 때도 단정적으로 "이렇게 해야 돼!"라고 말해선 안 돼요. 이 세상의 모든 일에 정해진 길은 없고, 내가 문제를 해결한 방법이 완전히 100점짜리 정답이라고 말할 수도 없어요. 나와 그 친구는 다른 사람이고, 내가 겪었던 상황과 비슷해 보이지만 들여다보면 다른 요소가 너무나도 많아요. 사람마다 상황마다 적합한 문제해결 방식이 다르기 때문에 내 의견은 참고가 될 뿐 정답이 될 수는 없지요.

이 2가지를 꾸준히 실천해 나간다면 훗날 여러분도 누군가에게 경험과 사랑을 나누는 멋진 멘토가 되어 있으리라고 믿어요.

02

네 옆의 친구가 가장 좋은 멘토야

사람은 정해진 길을 따라 기계적으로 쭉 성장하지 않아요. 뜻하지 않은 경험에 의해 우리는 간헐적인 성장을 한답니다. 이런 성장의 경험은 보통 누군가와의 대화나 만남으로 발생해요. 그 대상은 선생님일 수도 있고, 각 분야의 전문가일 수도 있고, 형제자매일 수도 있어요. 이렇게 다른 사람들의 이야기를 듣고, 의견을 나누고, 새로운 경험을 하며 우리는 한 걸음씩 성장한답니다. 그런데 학교를 다니는 동안 우리가 가장 많이 만나고 대화하는 건 바로 친구지요. 따라서 만약 친구와의 만남과 대화로부터 우리가 성장할 수 있다면 우리는 큰 폭으로, 자주 성장할 수 있을 거예요.

앞서 여러분이 누군가의 멘토가 될 수 있다고 이야기했듯이, 여러분 주변의 친구들도 충분히 여러분의 멘토가 되어줄 수 있어요. 언니가 고등학생일 때의 얘기를 해볼게요.

고등학교 3학년 여름 즈음에 슬럼프에 빠졌어요. 4월, 5월을 지나면서 모의고사 점수의 정점을 찍었고 공부도 잘됐는데, 6월 모의평가에서 좋지 않은 성적을 거둔 후로 공부에 집중이 안되고 불안감에 사로잡히기 시작했어요. 혼자서 극복해내는 데 한계를 느꼈지요. 그래서 선생님과 상담도 해보고, 저보다 다섯 살이 많은 친언니에게도 조언을 구했어요. 두 분 다 저를 위해 진심어린 조언을 해주셨지만, 그게 제가 슬럼프를 벗어날 계기가 되지는 못했어요. 언니와 선생님들은 아무래도 이미 고3이라는 시절을 지난 지 오래되었기 때문에 먼저 경험한 사람의 입장에서 다른 시각으로 조언해줄 수는 있었지만, 마음에 불안과 고민이 가득한 저에게 "긴장을 풀어라. 결국 다 잘 될 거다."라는 말은 전혀 와 닿지 않았던 거예요. 머리로는 부담감을 좀 내려놓아야 한다는 걸 알았지만 마음이 따라주지 않았어요.

그렇게 꾸역꾸역 억지로 공부를 붙잡고 있던 여름방학, 독서실에서 친구와 대화를 나누게 되었어요. 그 친구는 학교에서 저와 1, 2등을 다투던 아이였어요. 학교에서 우리는 일종의 '라이벌'처럼 여겨졌었지만 정작 우리 둘은 정말 사이가 좋았어요. 서로를 이기는 것보다도 옆 학교와의 경쟁에서 우리 학교가 이기는 게 더 중요했거든요. 그 친구를 독서실 휴게실에서 우연히 만나게 되어 이런저런 고민을 함께 나눴어요.

신기하게도 친구랑 대화를 하는데 마음이 너무 편안해지는 거예요. 우선 친구는 저와 같은 학년에, 같은 시험을 준비하고 있기 때문에 구태여 이런저런 상황을 설명할 필요가 없었어요. 그리고 나만 불안하고 힘든 게 아니라는 사실이 서로에게 큰 위로가 되었어요. 문득 보니 제가 그 친구의 이야기를 듣고 이렇게 조언하고 있더라구요. "그래도 너는 잘 이겨낼 수 있을 것 같아. 그만한 힘을 가진 사람이니까." 근데 이 말을 그 친구에게 하는데, 이상하게 제 마음까지 편안해지는 거예요. 그 말에 스스로도 힘을 얻은 거지요. 내가 이 친구에게 이렇게 느끼듯이 '남이 나를 볼 때도 그렇겠구나. 지금은 힘들지만 결국 이겨내고 다시 시작할 수 있는 힘을 충분히 가지고 있다고 인정해주겠구나.' 하고 말이지요. 아니나 다를까 친구도 저야말로 당연히 잘 이겨낼 수 있을 거라며 격려해주었어요. 그때 저는 큰 용기를 얻었던 것 같아요. 잠시 발을 헛디뎌 넘어졌지만, 묻은 먼지를 툭툭 털어내고 다시 한 번 열심히 뛰어보자는 생각이 들었어요. 그날을 계기로 저는 벗어날 수 없을 것 같았던 고3 슬럼프에서 벗어날 수 있었답니다.

그때 저에게 가장 필요했던 멘토는 선생님도 선배도 아닌 바로 '친구'였던 거예요. 나와 같은 목표를 향해 최선을 다해 달려가고 있으며, 아직 스스로도 결론을 본 적이 없기에 단정적이지 않고 나를 위해주는 사람이 필요했던 거고, 그게 바로 친구였던 거지요. 저를 가까이서 지켜봐왔던 친구였기에 친구가 하는 "넌 이겨낼 수 있을 거야."라는 말에서 진심을 느낄 수 있었어요. 당시의 저는 수능 만점을 받은 서울대학생과 대화를 했어도 슬럼프에서 벗어날 수 없었을지도 몰라요. '저 언니는 이미 성공했으니까 내 맘을 모르겠지.'라고 삐뚤어지게 생각했을지도 몰라요. 나와 함께 같은 길을 걸어가고 있는 친구가 하는 말이기에 고개를 끄덕일 수 있었어요.

제가 그랬듯이 지금 여러분 옆에 있는 그 친구가 정말 좋은 멘토가 되어줄 수도 있어요. 친구들은 가족이나 선생님, 대학생 언니 오빠들보다도 훨씬 비슷한 환경에 놓여 있기 때문에, 여러분과 비슷한 어려움에 처해 있을 확률이 높아요. 가령 여러분이 9월 모의고사를 앞두고 심각한 불안을 겪고 있다고 해봐요. 여러분 친구들 중 한 명은 이미 6월 모의고사 전에 같은 고민을 했을지도 몰라요. 그때 그 친구는 나름의 방식으로 그 고민을 해결하기 위해 노력했을 테고, 그 과정에서 깨달은 게 있을 거예요. '못하면 뭐 어때!' 하고 마인드 컨트롤을 했다거나 청심환을 한 알 먹었더니 훨씬 나아졌다거나 하는 방법을 공유해줄 수 있겠지요. 설사 친구가 대안을 제시해주지 못하더라도 같은 걱정을 했던 친구가 있다는 사실만으로도 훨씬 마음이 편해지는 걸 느낄 수 있을 거예요. 또한 여러분과 함께 동고동락하는 친구들이기 때문에 애정으로부터 나오는 조언을 해줄 수 있어요.

결정적으로 친구를 좋은 멘토로 만드는 건 바로 내가 친구를 대하는 자세예요. 친구는 늘 옆에 있기에 평범하고 배울 게 없는 사람처럼 보일지도 몰라요. 하지만 모든 사람들은 각자의 고유한 경험과 깨달음을 축적하며 살아왔기 때문에 누구에게나 배울 점이 있다는 걸 기억해야 해요. 그러니 혼자서 해결하기 힘들다고 생각되는 일은 나를 위해주는 친구와 나눠봐요. 멘토와의 대화는 하소연과는 달라요. 친구가 일방적으로 나의 얘기를 들어주고 공감해주는 것만 바라지 말고, 멘토와 이야기한다고 생각하고 거기서 무언가를 배우고 싶다는 자세로 경청해야 해요.

03

누구라도 너의 멘토가 될 수 있어

여러분은 테드 톡(TED Talks)을 아시나
요? 테드 톡은 전 세계 사람들이 자신이
세상에 대해 보고 듣고 느낀 것을 관객

들에게 15분 내외의 짧은 연설로 전달하는 프로젝트예요. 테드 톡은
1984년에 시작해서 지금까지 과학, 경영, 심리 등 다양한 분야에 대
해 고유한 아이디어를 가진 사람들이 나와 그 생각을 전하고 있답니
다. 30여 년의 세월 동안 2000개가 넘는 테드 영상이 인터넷에 공개
되었고, 지금도 세계의 여러 도시에서 테드 톡이 진행되고 있어요.

생각보다 정말 많은 사람들이 자신의 이야기를 나누고 싶어 해요.
내가 깨달은 것들을 세상에 알리고자 하는 건 사람이라면 가지고 있
는 본능 같은 거예요. 이 본능은 상대가 누구든 상관없어요. 테드 톡

의 관중들은 연설자가 무슨 이야기를 할지 모르고 와요. 평소 그 분야에는 관심이 전혀 없었을 수도 있지요. 그래도 연설자들은 자신의 생각을 신이 나서 전해요.

그런데 그중에 자신의 말에 눈을 반짝이는 사람이 있다면 어떨까요? 내가 지나온 길에 관심을 가져주고, 경험을 나누어주길 간절히 바라는 사람이 있다면 어떨까요? 아마 몇 배는 더 열심히 이야기를 전해주고 싶을 거예요. 더 자세히, 더 많이 나눠주고 싶을 거예요.

언니가 이 말을 하는 이유는 "멘토는 어떻게 만나요?"라고 물어보는 친구들 때문이에요. 다른 친구들은 캠프에 가거나 학원을 통해서 멘토들을 만나는데, 자기는 그럴 기회가 없어서 멘토를 만나지 못했다고 하더라구요. 언니나 오빠도 없어서 학업 고민을 나눌 사람도 없고, 들어가고 싶은 학과에서 어떤 공부를 하는지 너무 궁금한데 물어볼 사람이 없다고 했어요. 이 친구의 말에 언니는 이렇게 물었어요. "혹시 찾아본 적은 있어?"

인터넷이 발달하면서 우리는 모두 다양한 경로를 통해 연결되어 있어요. 많은 사람들이 다양한 사이트를 통해 자신만의 홈페이지를 운영한다고 볼 수 있어요. 페이스북을 하거나 블로그를 하는 등 자신의 이야기를 담아 기록으로 남기려고 해요. 그래서 내가 어떤 사람을 직접 대면하지 않더라도 이런 경로들을 통해 간접적으로 만날 수 있어요. 만약 내가 성균관대학교에 가기를 꿈꾸고 있다면, 페이스북에 '성균관대'라고만 쳐도 나오는 사람이 정말 많아요. 포털사이트만

검색해도 블로그를 통해 대학생활에 대한 이야기를 기록해둔 사람들이 있지요. 이 사람들이 일기장이 아닌 홈페이지에 그렇게 기록을 남긴다는 건, 이것으로부터 누군가가 도움을 받을 수 있을 거라는 생각을 가지고 있는 거예요. 테드 톡의 강연자들이 자신의 이야기를 전하듯 그 사람들도 자신의 이야기를 세상에 널리 알리고 싶었던 거지요.

그러니 내가 물어보고 싶은 게 있는 사람을 인터넷에서 만났다면 그 기회를 놓치지 말고 물어보세요. 블로그에 댓글을 남기고 페이스북 메시지를 보내보세요. 어떤 사람들은 대답해주지 않을 수도 있고 귀찮아할지도 모르지만 많은 경우 그렇지 않을 거예요. 자신의 홈페이지에 기록해두었다는 건 내 이야기를 알리고 싶다는 마음이 전제되어 있기 때문이에요. 내 이야기를 필요로 하는 사람이 있다면 쉽게 지나치지 못할 거예요. 그러다 좋은 인연이 되면 멘토와 멘티 관계로 나아갈 수 있는 거지요.

따라서 21세기 정보사회에 멘토를 가지기 위해 우리에게 필요한 건 인맥과 학원보다도 용기예요. '에이, 내 이야기를 들어주겠어?'라고 생각하고 구경만 하지 말고 궁금한 건 물어보는 용기를 가져야 해요. 단, 그 사람이 나의 질문에 대답해주고 시간을 써주는 건 감사한 일이니 최대한 예의를 갖춰야겠지요. 또한 그 사람이 답하지 않거나 거절의 뜻을 내비치더라도 비난해서는 안 돼요. 꼭 도움을 주어야 할 의무는 없기 때문이에요. 질문에 답해주는 건 순수한 선의고 감사한 일이니 예의를 갖춰 여러분의 신분을 정확히 밝히고, 궁금한 점을 물어봐도 괜찮겠냐고 정중히 물어보세요. 그렇게 했을 때 거절하는 사람은 별로 없을 거예요.

다음 장부터 이어지는 인터뷰들은 언니가 직접 섭외한 분들이에요. 언니도 그냥 대학생일 뿐이고 인맥도 그리 화려하지 않아서 어떻게 섭외해야 할지 감이 잡히지 않았어요. 꿈과 노력에 대해서 말해줄 저와 여러분의 멘토 언니들을 찾아야 하는데 저에게 허락된 권한이 별로 없더라구요. 그래서 무턱대고 우선 찾아봤어요. 이미 사회에 나가서 자신의 꿈을 펼치며 살아가고 있는 언니들, 그 과정에서 실패도 하고 좌절도 하면서 꿋꿋이 꿈을 향해 달려갔던 언니들을 찾아다녔어요.

그 과정에서 제가 함께 이야기를 나누고 싶은 분이 생기면 용기 내어 직접 연락했어요. 메신저를 통해 연락하기도 하고, 댓글을 달기도 하고, 이메일을 보내기도 했어요. 우선 저의 신분을 명확히 밝히고, 어떤 이유로 연락하게 되었는지 정중하고 자세하게 적어 보냈어요. 물론 아예 메시지 확인도 안 하거나 답장이 없는 경우도 있었지만 생각보다 많은 분들이 선뜻 인터뷰에 응해주셨어요. 여러분 같은 중고등학생 친구들에게 자신의 경험과 깨달음을 전해주고 싶어 했지요. 언니도 이렇게 멘토를 직접 '찾은' 거지 우연히 만난 게 아니랍니다.

여러분, 누구나 여러분의 멘토가 되어줄 수 있어요. 생각보다 여러분에게 도움을 주고 싶어 하는 사람이 많답니다. 두려워하지 마세요. 거절당하면 뭐 어때요. 밑져야 본전인데!

04

[멘토와의 만남] JTBC 아나운서, 송민교

　뉴스를 보면서 누구나 한 번쯤 데스크에 앉아 있는 자신을 꿈꿔본 적이 있을 거예요. 청아한 목소리와 차분한 어조로 뉴스를 진행하는 예쁜 아나운서 언니들을 보며 '나도 저렇게 예쁘고 똑똑하면 얼마나 좋을까?' 하고 막연히 부러워하기도 하지요. 저도 마찬가지였어요. 지성에 미모까지 필요한지라 포기했지만요.

　여러분에게 이야기를 들려줄 송민교 아나운서는 JTBC에서 〈JTBC 뉴스 현장〉, 〈슈퍼맨을 만나다〉 등의 프로그램을 진행하고 있으며, 리듬

체조와 테니스 등의 스포츠 경기 중계를 도맡아 해오고 있어요. 그 외에도 JTBC에서 들을 수 있는 많은 목소리를 담당하고 있지요.

언니, 언제부터 아나운서가 되고 싶으셨어요?

민교 저는 유년 시절을 인도라는 생소한 나라에서 보내고, 초등학교 5학년 때 다시 한국으로 돌아왔어요. 돌아와서 얼마 되지 않아 KBS 뉴스를 보는데, 분명 어려운 이야기인 것 같은데 다 알아듣겠더라고요. 당시 황현정 선배님이 멘트를 하셨는데 그걸 보면서 '아, 나도 사람들에게 저렇게 이야기를 전해줄 수 있는 사람이 되고 싶다.'라는 생각을 했던 것 같아요. 당시 초등학생이었기에 막연히 '똑똑하고 멋지다'는 생각도 물론 있었지요. 그때부터 아나운서라는 직업에 관심이 생겼던 것 같아요.

하은 제 눈에도 그랬어요. '아나운서 언니들은 똑똑한데다가 예쁘기까지!' 하는 인상이 강했거든요. 그때부터 아나운서의 꿈을 꾸기 시작하셨군요. 중고등학생 때는 어떠셨나요?

민교 어릴 때부터 음악 프로그램을 정말 좋아했어요. 아마 말을 배우고 알아듣기 시작했을 때부터 보기 시작했을 거예요. 제가 중학생 때는 손범수 아나운서가 〈가요 톱 텐〉을 진행하셨는데요. (그땐 음악 방송의 분위기가 지금과는 좀 달랐어요.) 손범수 선배님을 보면서 '아, 나도 좋아하는 가수의 노래를 저렇게 명료하게 소개해줄 수 있었으면 좋겠다.'고 생각했던 것 같아요. 그렇게 아나운서라는 꿈을 키워 나갔지요. 또 아버지의 영향으로 어릴 때부터 스포츠를 정말 좋아했어요. 그래서 스포츠 분야에서도 경쟁력을 가진 아나운서가 되고 싶다고 마음먹었던 것 같아요.

아나운서의 꿈을 이루기까지 어떤 일이 있었나요?

민교 정말 많은 일이 있었죠. 아나운서라는 직업은 정말 문이 좁기 때문에 탈락의 고배를 몇 번이나 마셔야 했어요. 면접을 잘 봤다고 생각했던 곳에서 탈락 소식을 들었을 때는 정말 포기하고 싶다는 생각도 들었고, 몇 번의 실패가 겹치면서 '이 길은 내 길이 아닌가보다.' 하는 생각까지 했어요. 지금 생각하면 그때 포기하지 않았기에 이 자리에 제가 있을 수 있었겠지요.

하은 아나운서의 꿈을 포기하고 싶을 만큼 힘드셨던 적도 있었나보네요. 그런데 어떻게 다시 마음을 잡을 수 있었나요?

민교 크게 2가지가 저를 계속 달리도록 한 것 같아요. 첫째는 가족과 친구들의 도움, 둘째는 나 자신에 대한 믿음이에요. 무엇보다도 가족들과 친구들이 저를 많이 격려해줬어요. 아버지는 제가 아나운서 공채 시험을 보는 날이면 반차를 내서라도 저를 꼭 데려다주셨어요. 동생은 제가 항상 최고라고 말해줬어요. 제가 힘들어할 때마다 친구들이 저를 다독여주었어요. 제 주변에 이런 좋은 분들이 없었다면 저는 끝까지 달리지 못했을 거예요. 하지만 아무리 주변에서 잘 도와줬다고 하더라도 저 자신에 대한 믿음이 없었다면 무너지고 말았을 거예요. 저는 제 안에 엄청난 잠재력이 있고, 아직 그것이 터져 나오지 않았을 뿐이라고 믿었어요. 언젠가 내 안의 힘이 빛을 발할 날이 올 거라고 굳게 믿었어요. 물론 저도 사람인지라 탈락 소식을 듣고 나면 며칠은 좌절감에 허우적대기도 했지요. 그래도 얼마 뒤엔 결국 그 믿음을 딛고 다시 일어날 수 있었던 것 같아요.

언니, 미래에 이루고 싶은 목표가 있나요?

민교 〈오프라 윈프리 쇼〉를 다들 아시지요? 다사다난한 인생을 살아온 오프라 윈프리는 각종 차별에도 굴하지 않고 세계 최고의 토크쇼를 진행하지요. 자신의 아픔과 생각을 솔직하게 드러내는 그녀는 어떤 게스트가 오든 최고의 대화를 이끌어내요. 저는 이른바 '송프라 밍프리'가 되는 게 꿈이에요. (웃음) 사람에 대한 사랑과 세상에 대한 관심을 바탕으로 저만의 토크쇼를 진행하고 싶어요. 저와 대화하는 분들이 편안하게 많은 이야기를 할 수 있도록 하는 인터뷰어가 되는 게 제 꿈입니다. 그 목표를 이루는 날까지 저는 열심히 노력할 거예요.

아나운서를 꿈꾸는 친구들에게 해주고 싶은 말이 있나요?

민교 우리는 흔히 'TV는 바보상자'라고 이야기하잖아요? 하지만 TV를 잘 활용한다면 여러분의 교과서가 될 수 있어요. 저는 개그우먼 정선희 선생님을 제 교과서로 삼았어요. 정선희 선배님의 말씀을 들어보면 정말 달변이시거든요. 말 한 마디 한 마디가 조리 있으면서도 위트가 넘쳐요. 아나운서를 꿈꾸는 사람이라고 해서 꼭 아나운서의 말만 공부해야 하는 건 아니라고 생각했어요. 정선희 선배님과 저의 언어가 융합되어 저만의 특색 있는 언어가 만들어질 수 있었다고 생각해요. 여러분도 조금 더 넓은 시야로 바라보았으면 해요.

또 평소 바른 언어 습관을 가지는 것도 굉장히 중요해요. 지금부터 당장 아나운서처럼 바르고 고운 우리말만 쓰라는 게 아니에요. 다만, 과도하게 왜곡된 언어로 이야기하는 것이 습관이 되면 바르게 고치기가 굉장히 힘들다는 사실을 기억해야 해요. 또 말을 할 때 정돈해서 말하는 습관을 들이면 좋아요. 머릿속에 돌아다니는 생각들을 마구잡이로 내뱉기보다는, 몇 가지의 키워드로 뼈대를 잡은 후 이야기하는 게 좋아요. 이를 위해 저는 '메모하는 습관'을 만들라고 말하고 싶어요. 메모를 하면 내가 하고자 하는 이야기 중 중요한 것과 그렇지 않은 것이 무엇인지를 알 수 있어요.

이렇게 작은 습관부터 하나씩 바꾸어가는 것이 꿈을 향해 한 발짝씩 나아갈 수 있는 방법이라고 생각해요. 한 걸음씩 나아가다 보면 꿈 가까이에 있는 여러분을 발견하게 될 거예요. 행운을 빌게요!

05

[멘토와의 만남] 뮤지컬 배우, 정민희

"어떻게 춤, 노래, 연기를 전부 저렇게 잘할 수 있을까?"

언니가 스무 살에 처음 뮤지컬 〈시카고〉
를 보고 느낀 감정이었어요. 무대 위의 뮤지
컬 배우들은 세 시간 동안 자유자제로 댄서
였다가, 가수였다가, 영화배우가 되었어요.
무대 위를 멋지게 날아다니는 뮤지컬 배우들
을 보며, 언니도 저런 무대에서 내 끼를 펼쳐
보고 싶다는 꿈을 남몰래 꿨던 것 같아요. 여
기 뮤지컬 〈시카고〉를 보고 전율을 느껴 뮤
지컬 배우의 꿈을 이룬 언니가 있어요.

언니를 소개해주세요

민희　안녕하세요. 저는 현재 뮤지컬 〈아이다〉의 앙상블을 맡고 있는 정민희입니다. 단국대학교 무용과에서 현대무용을 전공하고, 뮤지컬 〈젊음의 행진〉과 〈쓰루 더 도어〉, 〈킹키부츠〉의 안무 조감독을 맡는 것으로 뮤지컬 계에 입문했어요. 그리고 배우로서는 이번 작품인 〈아이다〉로 처음 데뷔했어요. 아직 갈 길이 먼 파릇파릇한 신인이랍니다.

언니는 언제부터 뮤지컬 배우를 꿈꾸셨나요?

민희　처음부터 뮤지컬 배우가 되고 싶었던 건 아니었어요. 저는 그저 춤이 너무 좋았어요. 그래서 춤을 추며 살고 싶어서 무용을 배워 무용과에 진학하게 되었어요. 대학에 와서 자취를 시작했는데, 처음 집을 떠난 아기새

처럼 너무 불안하고 두려웠어요. 그때 룸메이트 언니가 혼자 있을 때 영화라도 보고 있으라고 노트북을 건네줬어요. 그 영화가 바로 〈시카고〉였는데, 그 영화를 재생하자마자 집에 가고 싶다는 생각과 두려움은 흔적도 없이 사라져버렸어요. 영화 보는 내내 손에 땀이 나고 심장이 터질 것만 같았어요. 시카

고의 주인공 록시가 되고 싶었고, 그때 처음으로 뮤지컬 배우가 되고 싶다고 생각했던 것 같아요.

하은 그러셨군요. 무엇이 언니를 그렇게 두근거리게 했던 거라고 생각하시나요?

민희 춤, 노래, 그리고 연기 모두를 라이브로 들려주고, 그걸 통해 사람들이 벅찬 감동을 느끼도록 한다는 게 굉장히 매력적이었던 것 같아요. 결정적으로는 제가 춤추고 노래하고 연기하는 것이 너무 행복하고 즐거울 것 같았어요.

뮤지컬 배우가 되는 과정은 어떠셨나요?

민희 저는 무용을 전공했기 때문에 처음에는 제 전공을 살려 안무 조감독으로 시작했어요. 저와 함께 학교를 다니던 선배의 소개로 시작하게 되었어요. 그렇게 안무 조감독으로 세 편의 작품을 함께한 뒤 뮤지컬 '배우'에 대해서는 잘 알지도 못한 채 〈아이다〉의 앙상블 배우 면접을 가게 되었어요. 2차 오디션을 볼 때 면접관들이 모두에게 높은 구두를 신고 워킹을 하도록 시켰어요. 모두 워킹을 한 뒤 한 포즈씩 취하는데, 구두를 신으니 다들 상체 위주의 포즈만 잡더라구요. 그래서 저는 순간 바닥을 사용한 과감한 포즈를 보여주어야겠다는 생각이 들었고 멋지게 워킹한 뒤 바닥에 앉아 포즈를 취했어요. 그랬더니 면접관 중 한 분이 저를 불러 세워 칭찬해주셨어요. 눈에 띄었던 거지요. 그래서 결국 〈아이다〉에 합격하게 되었어요.

하은　와, 그랬군요. 지금 듣기로는 운도 굉장히 따라줬던 것처럼 느껴져요. 선배가 소개시켜주기도 하고, 경쟁률이 대단한 오디션에도 한 번에 붙구요.

민희　맞아요. 운도 따라줬겠지요. 하지만 저는 운이 노력에 뒤따르는 선물 같은 거라고 믿어요. 선배가 다른 사람이 아닌 저에게 안무 조감독을 제안했던 건 학교생활을 하는 동안 선배가 보았던 저의 노력과 실력의 영향이 컸다고 생각하거든요. 제가 노력하지 않았다면 저에게 그런 기회가 오지 않았을 거라고 봐요. 과 수석으로 졸업할 만큼 대학에 가서도 치열하게 노력했어요. 또 면접에서 눈에 띌 수 있었던 것도 제가 그동안의 노력으로 쌓아왔던 내공이 빛을 발한 거라고 생각해요. 또 그 일을 하고 싶은 간절한 마음이 제가 그런 기지를 발휘할 수 있도록 했을 거예요. 그래서 기회는 준비된 사람에게 온다는 말에 정말 공감해요.

언니는 힘들 때 마음을 다잡기 위해 어떻게 하시나요?

민희　저는 지금도 100회가 넘는 공연을 하면서 매일매일 공연 일지를 쓰고 있어요. 오늘은 어떤 걸 잘했고, 어떤 점이 부족했는지를 상세히 기록해 두고 있어요. 그러면서 늘 더 발전할 수 있도록 스스로를 격려해요. 또 몸과 마음이 힘들 때는 무엇이 나를 힘들게 하는지 고민하고 구체적으로 기록도 해둬요. 그러면 어떻게 지금 상황에서 나아질 수 있을지가 눈에 보이는 것 같아요. 또한 저는 오늘이 안 좋았기 때문에 내일은 오늘보다 더 행복할 거라고 긍정적으로 받아들이도록 노력했어요. 앞으로 더 훌륭한 뮤지컬 배우가 되기 위해서는 치열한 경쟁을 거쳐 오디션을 봐야만 할 테고, 그 과정에서도 분명 좌절하고 힘든 날도 있을 거라고 생각해요. 하지만 지금까지 이룬 것을 되돌아보며 스스로를 다독이고 더 나은 내일을 꿈꿀 거예요.

앞으로 이루고 싶은 꿈이 있나요?

민희　저는 지금이 시작에 불과하다고 믿어요. 감사하게도 꿈꿔왔던 뮤지컬 배우라는 직업을 가질 수 있게 되었지만, 사람들의 마음을 사로잡는 멋진 주연이 되고 싶어요. 마냥 화려하고 완벽한 배우보다는 사람 그 자체로 매력적인 배우, 믿고 보는 배우가 되고 싶어요. 그러기 위해서는 지금 맡은 배역에 하루하루 최선을 다하며 실력을 다져야겠지요. 언젠가 제가 뮤지컬 배우의 꿈을 가지게 해준 〈시카고〉의 주연 록시를 정말 멋지게 연기하고 싶어요. 그날까지 저는 노력하고 또 노력할 거예요!

06

[멘토와의 만남] YTN 방송작가, 이지희

21세기는 영상물이 지배하는 시대라고 표현해도 과언이 아니지요. 영화, 다큐멘터리, 예능, 뉴스 등의 영상물이 우리가 접하는 정보의 대부분을 차지하고 있답니다. 우리 세대는 다양한 영상물을 접하며 자라왔기 때문에, 내 손으로 직접 재미있는 방송 프로그램을 쓰고 싶다는 생각을 하는 친구도 그에 따라 늘어났어요. '유튜브 크리에이터'가 현대사회의 새로운 유망 직업으로 떠오른 것도 같은 맥락이지요. 직접 재미있는 영상 콘텐츠를 기획하고 제작하는 것, 이 글을 읽는 많은 친구들도 관심을 가지고 있을 거예요.

　　우리에게 이야기를 나누어줄 이지희 멘토는 어느덧 방송국에서 7년의 세월을 보낸 중견 작가입니다. KBS

제작부에서 다큐멘터리나 각종 시사프로그램을 제작
하다가 1년 전 YTN 보도국으로 옮겨와 뉴스프로그램
을 맡고 있어요. 작가님이 현재까지 제작에 참여한 것
으로는 KBS의 〈소비자 고발〉, 〈생방송 심야토론〉,
〈Korean Geographic〉, 〈몽골 고원 4부작〉 등이 있
고, 현재 YTN에서는 〈호준석의 뉴스인〉을 제작하고
있지요. 7년차인 다른 작가들보다도 더 많은 프로그램과 작품에 참여
해왔다고 해요. 지희 멘토의 이야기, 함께 자세히 들어볼까요?

언니, 언제부터 방송작가가 되고 싶으셨어요?

지희   저는 어려서부터 영상물을 좋아했어요. 영화, TV, 다큐멘터리 가릴
것 없이 영상물이라면 모두 좋아했던 것 같아요. 거기다 글 쓰는 것도 좋아
했어요. 학창시절에 백일장 같은 글쓰기 대회에서 자주 수상을 하곤 했어
요. 막연히 '글을 쓰는 직업을 가지고 싶다'고 생각했던 것 같아요. 그렇게
어렴풋한 흥미를 가지고 있었는데 대학에 오면서 영상에 대한 애정과 글
쓰는 소질을 모두 살릴 수 있는 직업이 뭐가 있을까 고민하다 방송작가가
되기를 꿈꿨던 것 같아요.

하은   그러면 그때 이후로 쭉 방송작가만을 꿈꾸셨던 건가요?

지희 사실 막상 졸업반이 되었을 때는 현실과 타협했었어요. 방송작가가 되는 문이 좁을 뿐더러 체력적으로도 정말 힘들다는 이야기들을 들으니 용기가 안 났던 것 같아요. 그래서 저도 다른 친구들을 따라 돈을 잘 버는 직장에 취직했었어요. 하지만 딱 1년 만에 사직서를 내고 말았어요. 정말 재미가 없었거든요. 내 마음을 두근거리게 하는 재미있는 일을 하고 싶었어요. 그래서 과감히 사표를 내고 방송아카데미에 진학하게 됐어요.

하은 그렇군요. 멀쩡히 다니던 직장도 그만두고 도전하시다니 정말 용기 있으시네요.

언니는 어떤 과정을 거쳐 방송작가가 되셨어요?

지희 저는 남들보다 늦게 도전을 시작한 거였죠. 졸업하고 직장을 다니다 방송아카데미에 들어갔기 때문에, 같은 기수의 친구들 중 나이가 정말 많은 편이었어요. 그래서 괜히 더 늦은 것 같다는 생각도 들고, 어리고 똑똑하고 개성이 뚜렷한 이 친구들 사이에서 살아남을 수 있을까 하는 의심에 자신감도 많이 떨어졌었어요. 사실 자신감이 충만해도 버티기 힘든 게 방송아카데미거든요. 매 수업마다 과제가 쏟아지고, 심지어 그 과제는 다른 친구들 앞에서 공개적으로 평가되었어요. 글 쓰는 걸 아무리 잘하고 좋아한다고 해도 스트레스에 시달릴 수밖에 없는 환경이었어요. 지금 생각해봐도 그때가 가장 힘들었던 것 같아요.

하은 정말 힘드셨겠어요. 그래도 방송아카데미에서 좋은 성과를 거두셨으니 이렇게 방송작가가 될 수 있으셨겠지요? 어떻게 극복하신 건가요?

지희 제 나이에 대한 불안감이나 부담감을 '더 독하게 하자'는 마음으로 이겨냈던 것 같아요. 다른 사람들보다 더 많이 노력하고 연구했어요. 좋은 모범이 되자는 마음가짐으로 그야말로 독하게 '올인'했던 것 같아요. 결론적으로는 그게 저 자신에게도 도움이 되었죠. 그때 그런 부담감이 없었더라면 그만큼의 성과를 내지 못했을 거예요.

평가에 대한 부담감에는 익숙해지려고 노력했어요. 결국 현업에 종사하게 되면 시청률과 프로그램 평가회 등 언제나 평가받을 수밖에 없다. 어쨌든 사람들이 더 많이 좋아할 만한 프로그램을 제작해내는 것이 내가 해야 할 일이고, 평가는 피해갈 수 없는 거라고 생각했어요. 과제 하나하나의 평가에 일희일비하기보다는 그 성장 과정에 집중하도록 노력했어요. 그렇게 마인드컨트롤을 하며 6개월을 보냈던 것 같아요.

언니, 방송작가가 되면 어때요?

지희 저는 우선 원하던 일을 할 수 있어서 정말 행복했어요. 대학 시절

들었던 이야기처럼 신체적으로도 정신적으로도 힘든 일이지만, 그래도 이 일이 제 마음을 설레게 했던 것 같아요. 제 이런 마음이 통했던 건지 저는 이례적으로 입봉(직접 쓴 프로그램을 만드는 일)을 굉장히 빠르게 했어요. 보통 신입 작가들은 다른 분들이 기획한 프로그램에 함께 참여하는데, 저는 몇 년 지나지 않아 제가 쓴 작품을 제작하게 되었던 거죠. 밤을 새워 일해야 할 때도 있고, 글을 쓰고 기획안을 제작하는 일이 버거울 때도 있지만, 저는 좋아하는 일을 할 수 있다는 사실에 만족하며 다니고 있어요.

하은 대단하시네요. 직업에 대한 작가님의 애정이 느껴져요. 앞으로 작가로서 이루고 싶은 꿈이 있으신가요?

지희 저는 '평범'한 사람들을 보여주는 휴먼 다큐를 만들고 싶어요. 현재 만들어지는 대부분의 휴먼 다큐멘터리는 일반적이지 않은 사람들의 이야기가 많아요. 많이 아프거나 세계적으로 큰 성공을 일군 분들처럼 특별한 인물들 위주지요. 하지만 저는 대단한 성공도 실패도 없는 '보통' 사람의 이야기를 담아보고 싶어요. 지루한 다큐를 만들겠다는 말은 아니에요. 누구의 삶이라도 자세히 들여다보면 모두가 특별하고 감동적이기 마련이라고 생각하거든요. 평범함에 대한 특별한 시선으로 제 작품을 통해 평범한 대다수의 사람들이 스스로의 인생을 소중히 여기고 사랑할 수 있었으면 좋겠어요.

07

[멘토와의 만남] 초등학교 교사, 이서윤

이서윤 선생님과의 만남은 교사를 꿈꾸는 저에게도 설레는 일이었어요. 초등학생들을 가르치기 때문에 제 꿈과 완전히 같지는 않지만 학교가 일터인 분이니까요. 선생님이 교사의 꿈을 이루기까지의 과정, 꿈을 이룬 후의 감정, 그리고 학교에서의 삶에 대한 이야기가 궁금했어요. 저서와 강연을 통해 좋은 교육에 대해 많이 고민하고 널리 알려주시는 이서윤 선생님을 개인적으로 존경하기도 했어요. 선생님의 꿈 이야기를 함께 들어보아요.

언니는 어떤 분이신가요?

서윤   반갑습니다. 저는 현재 구로남 초등학교에서 근무하고 있는 8년 차 교사예요. 《초등5학년, 국어 어휘력을 잡아라》, 《초등마음처방전》, 《두근두근 1학년을 부탁해》 등 총 15권의 책을 저술했어요. 학교뿐만 아니라 EBS와 각종 기관에서 강사로 활동하고 있어요.

언니는 언제부터 초등학교 선생님이 되고 싶으셨나요?

서윤   여러분처럼 중고등학생일 때부터 초등학교 선생님을 꿈꾸지는 않았어요. 고등학생 시절에는 이과였고, 전혀 다른 꿈을 꾸었어요. 선생님도 괜찮겠다는 막연한 생각이 있기는 했지만 사실을 말하면 수능 점수에 맞춰 '어쩌다' 교대에 진학하게 되었어요. 교대에 가고 난 뒤에야 교사가 되겠다고 결심하고 노력했던 것 같아요. 그래서 저는 아이들에게도 어떤 꿈을 꼭 이루겠다고 마음먹는다고 해서 그 꿈을 꼭 이룰 수 있는 건 아니라고 말해요.

하은   처음부터 교사를 꿈꾸셨던 건 아니군요. 그럼 자신이 계획하던 것과 다른 방향으로 갔던 건데, 그 과정에서 혼란스럽거나 후회스러웠던 적은 없으셨나요?

제우스에게 불을 훔쳐서 인간에게 갖다 준
프로메테우스는 어떻게 되었을까?

서윤　그렇지 않았다고 하면 거짓말이겠죠. 하지만 제가 고등학생 시절 세웠던 꿈을 향한 계획이 무의미했다고 생각하지는 않아요. 그 꿈을 이루기 위해 노력하는 과정에서 얻은 것이 분명히 있었고, 내가 원하는 꿈과 비슷한 가치를 얻을 수 있었다고 보기 때문이에요. 저는 그래서 매 순간 최선을 다하는 게 중요하다고 생각해요.

초등학교 선생님이 될 때까지 어떤 어려움이 있었나요?

서윤　고등학생 시절로 내려가면 저는 소위 '멘탈 관리'를 잘 하지 못했어요. 공부를 워낙 열심히 했고 결과도 좋은 편이었지만, 조금이라도 성적이 떨어지면 세상이 무너지는 것 같고 자존감이 한없이 떨어졌어요. 그래서 불면증이 생겼고, 잠을 제대로 못 자니 공부에 집중할 수 없어 또 성적이 떨어지는 악순환이 계속되었어요. 이러한 저의 성격이 임용고시를 준비할 때도 영향을 줄 수밖에 없었지요.

하은　많은 친구들이 같은 고민에 시달릴 것 같아요. 성적이 떨어지면 인생이 무너지는 것처럼 불안하고 우울한 친구들이 많지요. 저도 성적이 떨어질 때의 우울감에서 자유롭지 못했었구요. 그래도 극복하셨으니 꿈을 이루셨을 텐데, 어떻게 극복하셨나요?

서윤　제 그런 성격을 의식해서 임용고시를 준비할 때는 운동도 열심히 하고, 자기 계발서를 읽으며 마인드 컨트롤을 하기 위해 노력했어요. 성적이 떨어지거나 공부가 안될 때도 '별 일 아니야.'라고 생각하고 너무 스트레스받지 않으려고 했지요. 제가 가진 능력을 최대한으로 발휘하려면 이런 정신력이 무엇보다도 중요하고, 큰 시험에도 흔들리지 않는 대담함을 기르기 위해 노력했어요.

초등학교 교사로서의 삶에 얼마나 만족하시나요?

서윤　훗날 제 딸에게 추천해주고 싶을 만큼 초등학교 교사라는 직업에 만족을 느껴요. 교사라는 꿈에 대해 이상적으로 접근하는 이야기들은 많이 들었을 테니, 저는 현실적인 이야기를 해볼까 해요. 우선 안정적인 복지가 가장 좋지요. 밤늦게까지 일에 매달릴 필요도 없고, 육아휴직도 눈치 보지 않고 쓸 수 있어요. 또 한 달 동안이나 방학이 있는 직장이 흔치는 않지요. 월급 자체는 대기업이나 전문직에 비하면 아주 작은 게 사실이지만, 이런 휴식과 여행이 주는 기쁨은 물질적인 그 어떤 보상과도 바꿀 수 없는 거라고 생각해요.

시간적 여유와 삶의 질이 중요한 사람이라면 교사라는 직업은 정말 좋아요. 시간적 여유가 있기 때문에 취미활동을 병행할 수도 있어요. 그래서 화가이면서 선생님이신 분, 글을 쓰면서 선생님이신 분, 웹툰을 그리면서 선생님이신 분 등 다양한 분야에서 활동하는 초등교사들이 많아요.

또 끊임없이 배우는 직업이라는 것도 참 좋아요. 학생들을 가르치려면 직간접적인 경험이 많아야 하기 때문에 여행을 다니고 책을 읽고 영화를 보기도 해요. 이러한 경험들은 학생들을 가르치는 재료일 뿐만 아니라 나 자신의 자양분이기도 하답니다. 배움을 게을리하지 않을 수 있는 직업이에요.

하은   그렇다면 교사 생활을 하면서 힘들 때는 없으셨나요?

서윤   있어요. 교육이라는 것이 단기간에 눈앞에서 성과가 나타나는 일이 아니다보니 엄청난 인내심이 필요할 때가 있어요. 학습 부진아를 가르칠 때, 정서적으로 불안정한 학생을 지도할 때, 반항하는 학생, 불만이 가득한 학부모들을 상대할 때는 아무래도 힘이 들어요. 교사는 숫자나 기계가 아닌 사람을 다루는 직업이기 때문에 늘 변수가 많고, 계획대로 진행되지 않을 때가 많지요. 따라서 완벽주의 성향이 크거나 인내심이 부족하면 교사라는 직업이 심한 스트레스가 될 수도 있을 거예요.

언니, 앞으로의 목표는 무엇인가요?

서윤 좋은 교사가 되는 일은 참 어렵기 때문에 아직도 제 꿈은 좋은 교사가 되는 일이에요. 교사 생활을 하는 내내 가져야 할 꿈이겠지요. 또 초등학생들이 인문학 책을 쉽게 접하도록 하여 사고력과 문제해결 능력을 기를 수 있는 인문학 프로그램을 만드는 것도 제 목표 중 하나예요. 또 좋은 글, 도움이 되는 글을 써서 독자들과 꾸준히 나누고 싶어요.

08

성공한 사람들의 비결: 결심, 진심, 뚝심

다른 언니들의 이야기, 재미있게 보았나요? 모두 자신이 원하던 꿈을 이뤄내고, 행복함을 만끽하며 살아가는 '성공한' 사람들이에요. 언니들과 인터뷰를 하는 내내 저는 꿈을 이룬 사람들의 에너지를 느낄 수 있었어요. 힘들었던 때를 얘기하며 눈물을 글썽이던 것, 정말 원하던 일이라 할 때마다 가슴이 뛴다던 것, 그래도 아직 갈 길이 멀다며 각오를 다지는 모습이 기억에 남네요. 그래서 각 인터뷰를 마칠 때마다 제 안에는 꿈을 이룬 언니들에 대한 부러움과 나도 한 번 해보고 싶다는 다짐이 합쳐져 에너지가 마구 솟았어요. 여러분도 그랬지요?

첫 번째 비결: 뿌리를 심는 결심

꿈을 이룬 사람들에게는 3가지의 공통점이 있어요. 그 첫 번째는 내가 그 꿈을 이뤄야겠다는 '결심'의 순간이 있었다는 거예요. 어렴풋이 '좋다'거나 '부럽다'는 마음을 넘어 그걸 내가 해야겠다고 마음 먹을 때 비로소 꿈을 향한 첫 발걸음이 시작된다고 할 수 있어요. 춤을 너무 좋아했던 뮤지컬 배우 정민희 씨는 처음부터 춤을 추며 살아야겠다고 결심한 건 아니었대요. 춤을 추는 게 너무 좋고, 무대 위에서 춤을 추는 사람들이 부럽다고 느꼈던 게 먼저였지요. 하지만 춤을 배우고 추다 보니 이 길이 나의 길이라는 걸 깨닫고, 춤을 추며 평생을 살겠다고 결심한 거예요. 그 굳은 결심이 춤에 대해 완전히 다른 태도를 가지게 해주는 거예요. 이제는 그 일이 더 이상 내가 원할 때 즐기는 일이 아니라 내가 직접 해야 하는 일이 되는 거지요. 이런 결심은 꼭 극적인 에피소드로부터 나와야 하는 건 아니에요. 이서윤 선생님도 처음부터 교사가 되기를 꿈꿨던 건 아니었어요. 성적에 맞추어 교대에 진학하게 되었지만, 그곳에 가서 자신만의 이유로 선생님이 되기를 결심했던 것이지요. 그러니 그 결심의 이유가 무엇이든 결심을 통해 뿌리를 심게 되면 그것에 전념할 수 있는 힘이 생겨나기 시작하는 것 같아요.

두 번째 비결: 깊은 뿌리를 만드는 진심

성공한 사람들의 또 다른 비결은 뜨거운 '진심'이에요. 어느 한 명도 꿈을 거짓으로 가진 사람이 없었어요. '그냥 한 번 해볼까?'가 아니라 '꼭 하고 싶다'는 진심으로 꿈을 꿨다고 해요. 송민교 아나운서는 TV에 나오는 아나운서들을 보며 내가 저 자리에 있으면 좋겠다는 생각을 하루에도 몇 번씩 하며, 내가 저 자리에서 저 멘트를 한다면 얼마나 좋을지 상상해보았다고 해요. 이지희 작가는 남들이 부러워하는 안정적인 직장을 그만두고 도전할 만큼 내가 원하는 일을 하고 싶다는 간절한 진심이 있었어요. 이런 마음은 어떤 일을 진정으로 사랑해야만 가질 수 있는 아주 어렵고 특별한 것이지요.

이런 뜨거운 진심은 결심이 심은 뿌리가 더욱 깊고 넓게 뻗쳐 나갈 수 있도록 도와줘요. 그 일에 대한 사랑은 내 안에서 우러나오는 것이기 때문에 쉽게 결심의 뿌리가 뽑히지 않도록 도와주지요. 단순히 현실적인 안정성만을 위해 교사를 선택한 사람들은 꿈으로 가는 과정에서 수도 없이 흔들리게 될 거예요. 그 직업을 진심으로 사랑하지 않기 때문이에요. 결심은 했지만 그 깊이는 미미한 거지요.

세 번째 비결: 바람에도 꺾이지 않는 뚝심

성공한 사람들의 마지막 비결은 갖은 어려움에도 굴하지 않는 뚝심이랍니다. 내 꿈을 결심하고 진심을 다해 노력해도 뜻대로 일이 풀리지 않을 때도 많아요. 진심을 다해 노력했는데도 실패와 좌절이 찾아오기도 하고, 세상이 내 진심을 알아주지 않는 것처럼 느껴지기도 해요. 그럴 때 필요한 게 뚝심이에요. 누가 뭐라고 하든 내 결심과 진심을 지켜나가는 힘이지요.

솔직히 말하자면 언니도 임용고시를 준비하는 요즘 가끔씩 포기하고 싶다는 생각이 들기도 해요. 시험 준비가 신체적으로도 힘들기도 하지만, 해를 거듭할수록 높아지는 경쟁률에 마음은 급한데 공부는 뜻대로 되지 않아 정신적으로도 힘들었어요. 분명 결심의 순간을 거쳐 진심으로 그 꿈을 원했는데도 그렇게 흔들리더군요. 그러나 흔들리긴 했지만 쓰러지지는 않았어요. '뚝심'을 가지고 있기 때문이에요. 뚝심은 튼튼한 나무줄기와 같아서 거센 비바람에 흔들리되 끝까지 버텨낼 수 있도록 해줘요. 태풍이 불 때 꺾일 듯이 허리를 구부리다 태풍이 지나가면 언제 그랬냐는 듯 제자리로 돌아와 다시 성장하는 나무들처럼, 뚝심이라는 튼튼한 나무줄기를 지닌 사람은 힘들어하다가도 제자리를 찾고 자신의 길을 갈 수 있어요.

이 3가지 비결은 결국 서로 연결되어 있어요. 결심을 통해 땅에 뿌리를 내리고, 그 뿌리가 진심의 힘으로 깊어지고, 깊어진 뿌리를 통해 영양분을 흡수해 뚝심이라는 튼튼한 줄기를 만들어내는 거지요. 어느 하나라도 갖추어지지 않았더라면 크고 풍성한 열매를 맺는 나무로 성장하기는 힘들겠지요. 꿈을 향해 달려가는 과정에 있는 여러분이 성공한 사람들의 이 3가지 비결을 마음에 잘 새겨두길 바라요.

'결심, 진심, 그리고 뚝심'

09
행복을 나누는 사람, 모두가 멘토

누군가와 대화하고 나서 행복해진다는 느낌을 받았던 적이 있나요? 그 사람이 개그맨도 아니고, 그렇게 웃기는 이야기를 한 것도 아닌데, 대화를 마치고 가는 발걸음이 가볍고 마음이 가득 찬 느낌을 받은 적이 있나요?

언니에겐 항상 그런 느낌을 주는 친구가 한 명 있어요. 언니의 소중한 단짝, 김지현이라는 친구예요. 지현이랑은 중학교 1학년 때 처음 만나 지금까지 약 10년을 가장 친한 친구로 지내고 있지요. 중고등학교 6년 내내 선생님들이 '세트'라고 부를 만큼 그렇게 붙어 다녔는데, 제가 대학교를 서울로 오면서 이제는 1년에 서너 번밖에 보지 못한답니다. 제주도에 내려갈 때마다 지현이를 만나는데, 항상 별 시답지 않은 이야기를 하지만 그러고 나면 마음이 꽉 찬 것처럼 행복해져요.

저는 중고등학생 시절 지현이에게 가장 많이 배웠다고 생각해요. 선생님들보다도, 선배들보다도, 어쩌면 가족들보다도요. 가장 많이 배운 건 지현이가 사람을 대하는 방식과 긍정적인 사고방식이었어요. 저와는 10년 지기이고 막역한 사이인데도 불구하고 단 한 번도 상처가 되는 말을 하거나 저를 막 대한다는 느낌을 준 적이 없어요. 늘 저를 소중하게 여겨주고 배려해줬어요. 저뿐만 아니라 다른 사람들에게도 마찬가지였어요. 그래서 함께 있으면 존중받는다는 느낌을 받기에 행복하고 즐거웠던 것이지요.

지현이에게 배운 또 다른 하나는 어떤 사람이나 사물, 상황에 대해 긍정적으로 바라보는 시각이었어요. 지현이는 저조차도 잊고 있던 혹은 몰랐던 저의 장점을 콕 집어 부럽다고 이야기해줬어요. 어떤 일을 할 수 있을지 스스로 확신이 서지 않을 때, 제가 당연히 할 수 있을 거라고 확신해줬어요. 실수를 해서 자책하고 있을 때는 누구나 그럴 수 있다며 위로해줬어요. 지현이는 같은 상황도 긍정적으로 받아들일 수 있는 힘을 가진 '행복할 줄 아는 사람'이었어요. 사람들의 장점은 어찌 그리 잘 찾아내는지, 제가 어쩜 그렇게 잘 찾아내냐 물었더니 지현이 말로는 일부러 찾는 게 아니라 그냥 눈에 보이는 거래요. 자신을 소중히 여기는 만큼 남들도 귀하게 여겨주는 거지요. 이 2가지가 제가 가장 배우고 싶었던 점이고, 감사하게도 오랜 시간을 함께하며 제가 조금씩 닮아갈 수 있었던 것들이랍니다.

지현이는 저에게 누구보다도 더 영향력 있는 멘토였던 거지요. 지현이를 멘토라고 부를 수 있는 데는 지현이가 '어떤 일에 최선을 다해봤는지, 스스로에게 솔직한지, 결심, 진심, 뚝심'을 가지고 있는지는 사실 중요하지 않았어요. 그러니 언니가 말했던 멘토의 객관적인 조건 같은 건 애초에 존재하지 않는지도 모르겠네요. 그보다 진짜 중요한 건 지현이와의 만남과 대화가 저를 행복하게 해줄 수 있었다는 거고, 제가 그걸 배우고 싶어 했다는 거였어요.

이렇게 행복을 전한다는 건 생각만큼 쉬운 일이 아니에요. 아무리 훌륭하고 뛰어난 사람이라도 행복을 전하지 못할 수도 있어요. 그 사람이 너무 훌륭한 나머지 우리를 열등감에 빠지게 하고, 우리 스스로가 불행하다고 생각하게 할 가능성도 있어요. 정말 잘난 사람이 '난 너와는 급이 다르지.'라는 표정과 말투로 하는 말 때문에 기분 나쁜 적이 있을 거예요. 그 사람이 아무리 멘토의 조건들을 완벽히 갖추고 있더라도 그 사람이 행복을 전하지 못한다면 멘토로 삼아서는 안 돼요. 그런 거짓 멘토는 내 자존감을 갉아먹을 뿐이니까요.

행복을 전하는 사람이 곧 멘토예요. 대화를 하기 전의 나와 대화를 한 후의 나를 비교했을 때, 대화 후의 내가 더 괜찮은 사람이 된 것 같은 기분이 든다면 대화를 나눈 그 사람이 바로 멘토인 거예요. 좋은 멘토는 자신을 뽐내고 자랑하는 사람이 아니라 상대방의 가능성을 인정해주고 북돋워주는 사람이에요. 자신이 가진 행복을 독점하지 않고 나누려는 마음, 그것이 바로 멘토의 진짜 조건인 거랍니다.

여러분은 자기가 가진 행복을 독점하고 싶어 하지 않았나요? 혹시 상대방을 깎아내려서 내 행복을 키우려 했던 적은 없었나요? 다른 친구를 인정하면 내 행복을 빼앗기는 것 같아 친구를 인정하지 않으려고 했던 적은 없었나요? 그럴 수 있어요. 사람이라면 누구나 나의 소중한 행복을 지키려고 하니까요. 언니도 가끔은 저 스스로를 보호하고자 나보다 잘난 누군가를 인정하지 않으려 할 때도 있어요. 그냥 쟤는 쟤고 나는 나인 건데, 저 친구가 잘났다고 인정해버리면 마치 제 스스로가 못나지는 것처럼 말이죠.

우리가 기억해야 할 것은, 친구에게 행복을 전하는 일은 곧 내가 행복해지는 일이라는 사실이에요. 친구를 인정하고 칭찬해준다고 해서 나의 가치가 떨어지는 건 아니에요. 오히려 나 자신의 가치가 더 올라가지요. 행복을 주는 사람과 함께 있을 때의 스스로를 떠올려보세요. 그 사람을 나도 존중하게 되고, 닮고 싶어지지 않나요? 그것은 곧 그 사람을 내 멘토로 삼게 되는 거예요. 언니가 지현이를 멘토라 칭하고, 여러분에게도 소개할 만큼 가치 있게 평가하는 것처럼요.

그러니 멘토가 되고 싶은 여러분, 행복을 내 안에 가두기보다는 옆의 친구에게 전해보면 어떨까요?

여러분도 누군가의 언니 멘토가
되어주기를

돌아보면 참 행복하면서도 불안한 나날들이었어요. 열네 살부터 열아홉 살까지 아무 걱정 없이 친구들과 까르르 웃으며 행복해할 때도 있었지만, 떨어진 성적을 보며 불투명한 미래에 불안해할 때도 참 많았어요. 커서 뭘 해야 하지? 공부를 왜 해야 하지? 내가 좋은 대학을 갈 수 있을까? 하는 불안함이 저를 압도하곤 했었지요. 그 불안함에 사정없이 휘청거리고 흔들리며 6년을 보냈던 것 같아요.

대학생이 되고 약 4년이 흐른 지금 '그때 알았더라면 참 좋았겠다' 하는 것들이 생기고, 누군가 그때의 저에게 말해줬더라면 '조금 더 행복하게 그 시절을 보낼 수 있었을 텐데' 싶은 것들이 하나둘씩 쌓이기 시작했어요. 그 이야기를 여러분에게 전하고자 이렇게 책을 쓰게 되었답니다.

첫째, 꿈을 찾는 것은 곧 나를 찾는 과정임을 알려주고 싶었어요. 나 자신을 알지 못한 채로 꾸는 꿈은 꿈이 없는 것보다 더 위험해요. 꿈을 찾을 때는 내가 가진 강점과 약점, 내가 좋아하는 것과 싫어하는 것을 알고 그 모두를 나의 일부로 인정하고 받아들이는 과정이 필요해요. 그 과정을 통해 온전한 나 자신과 직면할 수 있고, 그렇게 해야만 진정으로 원하는 꿈을 찾을 수 있는 거라고 꼭 말해주고 싶었어요.

둘째, 공부가 여러분 삶의 전부는 아니에요. 공부는 우리의 가치를 보여줄 수 있는 여러 방법 중 하나일 뿐이에요. 공부를 못하면 마치 행복한 삶을 꾸릴 자격이 없는 것처럼 평가하는 학교에서 여러분은 자꾸만 상처받지요. 하지만 공부를 잘하든 못하든 여러분의 존재만으로도 행복한 삶을 누릴 자격이 있어요. 그러니 중고등학생 때만 경험할 수 있는 것들을 놓치지 않으면서 '건강하게' 공부할 수 있기를 바라요.

셋째, 대학이 우리 인생을 모두 결정할 수는 없어요. 대학생활은 유토피아가 아니에요. 주어지는 자유만큼 이전에는 생각지도 못했던 낯설고 무거운 책임도 함께 주어진답니다. 좋은 대학에 진학하는 것은 분명 그것이 가지는 장점이 있지만, 그 자체만으로 행복한 삶을 보장해주지는 않아요. 결국 내 인생을 결정하는 건 대학이 아닌 나 자신이라는 사실을 꼭 알아야만 해요.

그리고 마지막으로, 여러분도 누군가의 멘토가 될 수 있는 존재임을 말해주고 싶었어요. 꼭 대단한 성공을 이룬 사람만 멘토가 될 수 있는 건 아니에요. 어떤 일에 최선을 다해본 사람, 스스로를 솔직하게 바라보는 사람, 행복을 전하는 사람이라면 모두 멘토가 될 수 있어요. 언니가 지금 멘토로서 여러분에게 이렇게 이야기하고 있는 것처럼요. 여러분이 가진 고유한 가치와 무한한 가능성을 알고 누군가의 멘토가 되겠다는 마음을 지녔으면 좋겠어요.

여러분도 훗날 누군가의 언니 멘토가 되어주길 바라요. 여러분이 중고등학생 시절을 보내며 느꼈던 것들, 그리고 그 이후의 삶에서 깨달은 것들을 불안하고 두려운 동생들에게 나누어 주었으면 좋겠어요. 제가 미처 깨닫지 못해 이 책에 담지 못한 이야기를 여러분이 직접 채워줄 수 있었으면 해요. 그렇게 언니에게도 한 수 가르쳐주세요.

미래의 언니 멘토님! 몇 년 뒤 멋지게 성장해서 자신의 경험과 깨달음을 동생들에게 나누어주는 멘토가 되어주세요. 그래서 그때는 언니랑 멘토-멘티가 아닌, 멘토 대 멘토로서 재미있게 수다를 떨 수 있었으면 좋겠어요.

우리, 꼭 다시 만나요. 공부를 잘하든 못하든, 얼굴이 예쁘든 평범하든, 가난하든 부유하든, 여러분 모두에게는 엄청난 가능성과 그 가능성을 발현시킬 힘이 존재한다는 사실을 잊지 마세요. 진심으로 여러분을 응원합니다.